罗才军·著

江苏凤凰科学技术出版社

图书在版编目（CIP）数据

语文问道 / 罗才军著 . -- 南京：江苏凤凰科学技术出版社，2017. 10（2019.6重印）

ISBN 978-7-5537-8000-9

Ⅰ. ①语… Ⅱ. ①罗… Ⅲ. ①小学语文课—教学研究 Ⅳ. ① G623. 202

中国版本图书馆 CIP 数据核字（2017）第 239600 号

语文问道

著　　者　罗才军
责任编辑　吴梦琪
责任校对　郝慧华
责任监制　曹叶平　周雅婷

出版发行　江苏凤凰科学技术出版社
出版社地址　南京市湖南路 1 号 A 座，邮编：210009
出版社网址　http://www. pspress. cn
印　　刷　常州金坛教学印刷有限公司

开　　本　787mm × 1092mm　1/16
印　　张　14. 5
版　　次　2017 年 10 月第 1 版
印　　次　2019 年 6 月第 3 次印刷

标准书号　ISBN 978-7-5537-8000-9
定　　价　39. 80 元

序一

初识罗才军，是四五年前在广东的一次全国语文教学观摩活动中。那次活动中，我要作演讲。主办方说，有个年轻的语文老师请缨，为我主持串场。活动开始之前，我见到了这个年轻人，面相敦厚，貌不惊人，倒是开口就对我的《名作细读》《演讲录》如数家珍。我咯噔一下：这小子功课做得不错。及至开场，他开始介绍我，我才知道他是真正投入语文教学研究的年轻人。他对于我的文本细读理论，对于“比较”和“还原”在文本解读中的运用，对于我涉及的众多文学作品的解读，乃至对于我在著作序言中的一些思考和言论，熟稔于胸，滔滔不绝，而且显然是有过过滤和延展的。我当时觉得：一个年轻的小学语文老师居然也能有这样的识见，这样宽广的阅读视野和研究热情，很是令我振奋与欣喜。

第二天，我们在早餐时相遇。这时我才知道他也是来作示范课的。我们又进行了一些关于文本解读及语文教学的浅谈，能看得出他下的功夫之多。我当即就将他带到房间，赠送他我新近出版的小书《愧对书斋》。与我其他著述类的书不同，这本小书可以说是我的心灵自传，里边有我许许多多的人生故事。我将这本书郑重地签上“才军存念”送给他，也是颇有引为知己的感慨在里头。

后来有一天，我正要去韩国讲学，临行前接到一个来自杭州的电话。他说他叫罗才军。他诚恳地向我请教，说在进行诗歌的解读和研究时，无法确定《示儿》的意象所在。诗歌创作意象是关键，《示儿》的意象确实不够清晰。我沉吟了一下，告诉他《示儿》的意象可确定为“九州同”，然后匆匆挂了电话。

记不得哪一次活动上，有人跟我说罗才军写了一篇文章，发表在《小学教学》杂志上，题目是《大人者不失其赤子之心》，说的就是与我的结缘，尤其是阅读了我送他的书《愧对书斋》后的一些感想。那时我没有看到这篇文章，倒是对他的执着与厚爱，对他一直以来于我的激赏颇有好感。

然而我已经记不得这个年轻人的样子了。直至前几日，他打电话来邀我为他的新书作序，我读着他的新书，书的名字很谦虚，也很诚恳，一如他一贯的对人对事，对于语文的态度——《语文问道》。

他说自己是一个在语文教学之路上稽首问道的普通人。而我阅读着他的书稿，那一篇篇一章章的文字里边，有着异于常人的努力和坚持，他是真正把文本细读的理论结合着自己对于语言的独特的敏感、对于文本的真切的琢磨，实现在课堂上的老师。

更有意思的是，他抓住“文体特征”这个牛鼻子，以此为分野，又着眼于语文教学的“积极语用”，使得他的文本解读、课堂教学乃至以文体为坐标的系列思考具有了非常大的实践意义和推广价值。

他说：“教学一篇课文，如果我们没有对其文体加以了解和把握，在教学中就难以抓住核心的语文内容。”我以为这是在宽广浑厚的教学实践之上所进行的语文学理化的思考。

教小说，他提出：“小说，实乃大言。”小说言说比历史更真实也更宏大的现实图景，并以其精妙绝伦的表达艺术最精准地还原出生命或生活的本质。他倡导教小说要教好场景魅力、语用典范、节奏意识。我以为这是在大量潜心文本解读以后所进行的语文哲学化的思考。

对古诗词教学，他认为：无论面对浩瀚苍穹、长河落日的瑰丽自然，还是面对悲欢离合、无语凝噎的人世艰辛，都可以从古诗词中寻找到慰藉。“在唇齿的吟哦流转中，在节奏的抑扬顿挫中，在意象的观照知见中，我们获得安顿，并学会与生命中的一切温柔地讲和。”短短一段论述，其中既有对古诗词文体特点的精准把握，更有对古诗词教学基本方法的真切建议。我以为这是在历经了大量古诗文濡染、分析、解读、意会以及思考后所进行的语文诗意化的思考。

当然，对于寓言、神话、散文、说明性文章等等的解读和教学，他都有自己的观点和实践。且不论其学理化、哲学化、诗意化的思考是否切准了小学语文阅读教学的要害，单就他能这样有勇气地扎扎实实"以文体特征为纬、以积极语用为经"，一课一课地打磨，一篇一篇地解读，一章一章地探索，就值得我们肃然起敬。更不必说其间呈现出来的罗才军独特的才情和气质。阅读课堂实录，我能想象他的潇洒自如；阅读文本解读，我能体会他的精微敏锐；阅读教法观点，我能感受他的真粹浑厚。他对于文本语言飞扬的想象力和课堂教学无穷的创造力，让我在阅读他的这本书稿时真可谓"一路有惊喜"！

罗才军在他的《大人者不失其赤子之心》一文中，说我像个笑傲江湖的游侠。不自谦地说，我身上的侠气确实至今没有缺失过，而且颇有"老夫聊发少年狂"的气韵，有着"眼前见天下无一个不是好人"的魄力。年龄愈大，也愈有些从心所欲的侠肝义胆。也因此，我愿意招呼大家和我一起来关注这个年轻人的研究和实践，关注立足一线又始终处在思考和研究状态，有着足够清醒的眼光，有着无比热切的情怀的语文青年名师，为他们鼓掌欢呼，为他们摇旗呐喊，希望越来越多的罗才军丰富小学语文的研究，推动小学语文的发展。

我知道罗才军这些年在语文教学研究和课程开发上经常有自己的声音，也知道不少业内名家、语文专家热切地关注着他，现在我还知道他上过那么多杂志的封面，参与过教育部语文教材的编写，写过不少文本细读的文章，上过不少有研讨价值的课，而且整个行走过程踏踏实实，一步一个脚印，每个脚印之中又都能够听得见思想的激荡，看得见情感的起伏和创造的火花。这一切都表明，他在提出自己阅读教学观点的同时并没有夜郎自大，他的心态和他的研究一样都是开放的，充满召唤结构的。由此看来，书名"语文问道"亦是颇为贴切的。

说实话，我还是没有对这个年轻人的面容有深刻的印象，因为他长得太普通，倒是他的研究和实践，他沉甸甸的书稿让我印象深刻。他发给我的一些杂志封面照片我也看了，好像很帅气，但是我知道，封面上的并不像他，因为眉宇之间少了些憨气，脸上又多了份脂粉气，至少熟悉他的人都会是这样认为的，这一点我很有把握。

是为序。

福建师范大学中文系教授　孙绍振

2017 年 6 月

序二

结识才军，源于文体教学。

文体即文章的体裁，是文章在结构形式和语言表达上所呈现的具体样式或类别。文体有别，法则、个性特征就会有所不同。如戏剧以人物对白为主，诗歌以作者抒情见长，小说重在以情节的矛盾冲突刻画人物形象……

我国语文教育历来十分重视文体研究，“文体论”成了中国“文论”的重要组成部分。

南朝刘勰在《文心雕龙》中用大量的笔墨论述文体：“原始以表末，释名以章义，选文以定篇，敷理以举统。”能够追溯文体的起源和演变，说明它的名称和意义，评介各体的代表作品，总结各体的基本特征，就算是认清了文体。

明代徐师曾在《文体明辨序》中写道：“夫文章之有体裁，犹宫室之有制度，器皿之有法式也……苟舍制度法式，而率意为之，其不见于识者鲜矣，况文章乎？”他认为阅读不可“率意为之”，必须遵循文体的制度法式。

叶圣陶先生在《语文教学二十二韵》中指出：“作者思有路，遵路识斯真。”他认为要想真正理解作者对事物的真切认识，必须遵循作者写作的思想路径。

可见，文体法则和个性特征影响着阅读的目标、思路和方法，制约着阅读教学的内容、策略和价值。

才军认为，文体本身就是语言意图与语言内容的一种实现，语文教学中必须尊重文本的文体特征，不能用一个套路去教所有的课文。语文教学应该回到常识，考虑学段要求，尊重文本特点，循着文体特征去教，把童话教成童话，把散文教成散文，把小说教成小说。对此我高度认同，与才军成了志同道合的朋友。

初次听说罗才军这个大名，是在2010年。那年10月，全国第八届小学语文青年教师阅读教学观摩活动在宁夏体育馆举行，才军执教《伯牙绝弦》，获得特等奖。因参加国家级培训者培训，我没能亲临现场观摩。但参会的老师们回来说，浙江的课非常精彩，现场响起了近十次掌声。

当时，我的研究开始聚焦阅读教学中的文体意识。古诗文教什么、怎么教，我很感兴趣，也很困惑。终于，我拿到了《伯牙绝弦》课堂录像，也见到了想见的文言文教学。什么叫声振林木，什么叫响遏行云，什么叫文化传承，什么叫底蕴深厚，我似乎一下子都在才军的这节课中找到了注释。

特别给我启发、令我震撼的是，这节阅读课上阅读方法的学习与运用，语言形式的品味与感受，古文阅读的诵读与积累，审美情感的熏陶与悦纳，知音文化的感知和传承。我知道，这节课一定是集体智慧的结晶。但我也知道，能把承载这么多东西的一节课在国赛的舞台上驾驭自如的人，绝非等闲之辈。

我开始阅读他的文章，研究他的课堂。他说，《道德经》有云："人法地，地法天，天法道，道法自然。"语文教学之道，也自当"法自然"。何谓"自然"？在文本，当尊重文体特征；在教学，当立足语言形式。

真有一种找到知音的感觉。为了进一步向他学习，我推荐他来西南上课。2011年暑假，在贵州省织金县语文教师暑期培训现场，第一次见到才军。

阳光，率真，厚道，邻家小弟。

2012年12月，渝中名师王小毅工作室成立。我和13名学员围绕"小学语文分类阅读教学研究"这个主题，采取课堂观察、专题讲座、深度访谈、主题沙龙等方式进行深入研究。小说教什么、怎么教的研究遇到了瓶颈，我想到了才军。一节研究课例，一个专题讲座，一次深度访谈，让学员们醍醐灌顶。

潇洒自如的《少年闰土》现场教学，让旁听的两位中学语文教研员都拍手称好。整整一天的时间，才军通过课例、讲座和对谈向学员们诠释了他对小说教学的实践与思考：见文，即文字层面的落实；见形，即人物形象的感知；见性，即人物性格的体味；见本，即引导学生积累经典语段，激发学生读整本的书。从此，我和学员成了他的忠实粉丝。

深度交流中，我们高度认同这样的观念：有文体意识，课堂必定得言、得意、得法三得并举，教得必然朴实本真；有文体意识，课堂必定文脉、意脉、情脉三脉相通，教得必然酣畅淋漓；有文体意识，课堂必定文路、学路、教路三路合一，教得必然行云流水。那次活动，我看到了才军的另一面。

睿智，幽默，博学，江南才子。

文体意识的养成，是我们通过大量的读写实践，在头脑中逐渐形成的关于不同文类的知识结构或文章图式。长此以往，会不知不觉地将这些（文本体式）惯例和准则吸收进我们的读写经验里，对读写具有制约作用，使得我们读写的半自觉活动成为可能。

2014年，2015年，2016年，才军都来重庆给国培班做专业引领。我发现做了校长后的才军，对文体教学的研究更加通透了。很巧的是，几次来渝都是研究寓言教什么、怎么教。于是，我便有更多的机会向才军学习。

《自相矛盾》一课的教学，教的是一则寓言，但由此掌握的学法却是阅读所有寓言的圭臬。比如“听——自主自能复述寓言、说——添油加醋丰富寓言、读——文白对读互文寓言、写——想象补白揭示寓意、思——拓展引发思维风暴”这五个环节，既是教学过程，也是学习过程。这些方法的习得着眼于学生理解、感悟、概括、解释以及语言组织和表达能力、互文能力等阅读能力的训练，着眼学生语文听、说、读、写、思的全面训练，朝向文本课程价值的开掘和学生思维品质的提升。

我工作室全体成员围绕不同文体研究与教学一起走过了为期四年的、艰辛而充实的研修旅程，而今已经顺利结业，正式出版了专著《小学语文分类阅读教学研究》，里面凝聚了才军的智慧和心血。

他每次来重庆，我们总会带他去小巷吃火锅，到地摊吃小面。看他流汗，听他聊天，大家都觉得他就是一个地道的重庆人。不同的是，他真的有才，那“才”是“溢”来的。大家都说，心目中的小语男神越来越接地气了。

大气，豪放，憨厚，重庆男人。

我爱看他的专著《问道语文》，最让我羡慕嫉妒恨的是，王崧舟老师给他的书作序。他邀我给他的新作《语文问道》写序，真是不敢当。唯恐言不逮意，成了这本书的败笔。几次推辞，终究好意难却。不敢妄加评论他的书，只是讲了才军影响我、影响我们团队研究的几个小故事。

阅罢书稿，我最想说的是，才军的书不是写出来的，而是一个文体一个文体地琢磨，一个课例一个课例地实践，在行动中做出来的。求真务实，见微知著，这样的研究姿态，值得每一个热爱语文、研究语文的人学习。

有理由坚信：他的新作，一定会带给我们更多惊喜和启示。

著名特级教师、重庆市渝中区教师进修学院语文教研员　王小毅

2017年6月18日于重庆嘉陵江畔

语文问道：呼唤文体特征的彰显

在这些年的听课、磨课以及讨论交流过程中，我发现很多老师下意识里认为所有的课文都可以用一种套路去教，我觉得这是走入了阅读教学惯性的迷茫。你想啊，作家的创作丰富多样，而进入了我们的课堂却都用一种模式化了的方式去教，那其中独特的表达形式、文学情怀和审美体验又怎能为我们的学生所悦纳呢？如此，我们作为语文老师的担当又在哪里呢？另外，所有文本一种套路，这必将使我们的语文教学产生越来越多的近亲繁殖，最终衍生出不断重复昨天的、落入窠臼且泥古不化的课堂。仔细探究“所有课文一种教法”背后的成因，我以为主要是我们当前的阅读教学在文体意识上过于淡薄了。

一

文体即文章的体裁。选择怎样的文体表达自己的思绪感情是作者在写作中的应然选择。而选择怎样的文体，必然决定了将运用怎样的语言形式，也决定了将如何谋篇布局。如此也就决定了我们在教学中对此文核心价值的确定和教学内容的选择。所以，作为语文老师的我们，切准文体，发现文本的核心内容，并在课堂上有序展开，加以落实，则成为我们的必然使命。

比如小说，作者着力的必然是典型环境的描写、人物形象的刻画和情节设置的技巧，所以教学小说，如果我们不去关注这些作者着力的语言表达，那么教学就可能成为混沌的不知所措或者滑稽的买椟还珠。再比如诗歌，作者着力的必然是其中典型的诗歌意象，这些意象既是语言形式的需要，也是语言意图和内容的凝结。马致远的《天净沙·秋思》与白朴的《天净沙·秋》同样都有苍凉之秋的意境，那是因为他们所采用的意象“枯藤、老树、昏鸦、古道、西风、瘦马”“孤村、落日、残霞、轻烟、老树、寒鸦……”都是寂静萧索、暮色沉沉的秋所特有的。而相比之下，马致远则更着力展现“断肠人”，所以他所选择的意象要比白朴的来得更加孤独和凄惶。教学诗歌，如果我们没有这样的文体意识，不能发现其意象的特征、表达的特色，如果我们不适当地引导学生借助直观可感的意象感悟背后博大的诗歌意境，那么我们教诗歌就没有教出语文核心价值，也没有教出个中滋味来。

从这一点上说，文体绝不仅仅是一个干瘪枯燥的文学知识定义，它应当也是一种鲜活的存在方式。我甚至认为，文体统御了字、词、句、段、语、修、逻、文，成为言语意图实现的最高形式。任何忽视文体而期待立足语文本位的教学都有舍本逐末的嫌疑，任何忽略文体而努力追求积极语用的教学都有南辕北辙的危险。如果我们不能正视并强调文本的文体特征，语文教学就仍然是盲人摸象，挂一漏万。更严重者，就是当前“所有课文一种教法”的现象肆意泛滥。

也因此，重新认识并确立文体意识，彰显文体意识对于阅读教学的重要意义，领略到它在语文本位的坚守与凸显、语文内容的发现与重构，以及积极语用的设计与实现等方面的重要价值，将成为阅读教学走上语文沧桑正道、契合语文学科属性的重要途径。

二

那么，在小学阶段如何彰显文体特征、培养文体意识呢？笔者经过几年的实践与研究，有如下的思考和建议：

其一，不同文体的教学，应选择不同的内容。

从某种意义上说，阅读教学其实就是一个解码的过程。在这个过程中，切准作者的编码方式即文体表达的特点，自然就可事半功倍，正所谓“作者思有路，遵路识斯真”。如此，也就决定了在不同文体教学中，我们在内容的发现和重构上自然各不相同。

《少年闰土》是小说《故乡》的片段，小说重在人物形象的塑造。《少年闰土》教学中，笔者就将教学的指向全力贯注在闰土形象的感知和体会上。从开篇回忆中的“英武不凡”到相识中的“淳朴可爱”，再到相处中的“见多识广”，完全依托着作者的语言，展现“闰土”的人物形象。

《伯牙绝弦》的教学就并非简单感受人物形象了。《伯牙绝弦》除了古文学法指导、熟读成诵的要求，更有知音、高山流水等文化意象的传承。因此，在教学中，我着力引导学生学习古文阅读方法、积累古文语感图式、品味独特语言形式、获得审美情感熏陶、传承经典文化意象，以“纵情吟诵识知音、高山流水明知音、破琴绝弦祭知音、朗朗诵歌怀知音”为思路进行教学内容的重构。

教学一篇课文，如果我们没有对其文体特征加以了解和把握，在教学中就难以抓住核心的语文内容。我们常说“教无定法，贵在得法”，得法之精髓，我以为就在尊重其文体特征，选择准确的语文内容。

其二，不同文体的教学，应选择不同的策略。

古人讲“定体然后可以言工拙”，意思是说，对文体有了确认之后才可以研讨文章的优劣，这当然是从文学鉴赏和评析的角度出发的。然而，这未尝不可应用到我们的教学中来。“定体然后可以言策略”，不同的文体，自然需要选择不同的教学策略，以便最大限度地引导学生感受其语言特色，品读其文体特征。

小说在人物形象的刻画上往往很下功夫。比如在《少年闰土》中，鲁迅对闰土的外貌描写就很有意义：“他正在厨房里，紫色的圆脸，头戴一顶小毡帽，颈上套一个明晃晃的银项圈。”学生面对这样的语言是无法感知其精妙的。所以课堂上我就引导学生进行了还原和比较。让学生朗读之后回忆自己的写作经验：“我们写一个人物的外貌通常从什么地方写起？”学生回忆说往往抓住五官，尤其是头发和眼睛。但鲁迅不这么写。我再引入漫画家丰子恺的两幅画作进行比对观察，因为丰子恺刻画人物也往往寥寥几笔，没有五官，却很传神。如此让学生发现刻画人物外貌最主要的是抓住特点。对于“我”这个城里少年来讲，与我年纪相仿的闰土“紫色的圆脸、头戴小毡帽、颈上的银项圈”最具特色，所以就抓住这些最大的特点来写。这样一来，学生的印象就深刻了：写人物外貌，不求全尽，关键在抓住特点，抓住特点才能传神。

而教学古诗《闻官军收河南河北》，我让学生先自由朗读，圈划作者的哪些言行举止表达了自己的喜悦。杜甫的这首诗是典型的意象群的叠加，我让学生找表达诗人喜悦的言行举止，其实就是寻找诗歌中“喜悦”的种种意象。学生圈划出来后，我立即让学生将这些意象加上自己的想象转化成看得见摸得着的情境。如此，再进一步，引导学生发现作者表达喜悦的角度各不相同，有描写自己的，也有描写妻儿的；有描写神情的，也有描写动作的；有反映现实的，还有抒发想象的。正是这些喜悦一而再，再而三，三而四地叠加在一起，才形成了这首诗歌丰富磅礴、一泻千里的喜悦之情。

其三，不同文体的教学，应选择不同的语言运用方式。

语文是学习语言文字运用的综合性、实践性课程。然而，语言文字的运用实践在实际的教学中其实是有很多维度和方式的。选择怎样的语言运用方式，也与文本的文体特征息息相关。

教说明性文章《蝙蝠和雷达》，我发现了文中有这样的一个句子：“蝙蝠是在夜里飞行的，还能捕捉飞蛾和蚊子；而且无论怎么飞，从来没见过它跟什么东西相撞，即使一根极细的电线，它也能灵巧地避开。”教学中我先让学生自由朗读，读出蝙蝠飞行本领的高超。趁机点化：“大家发现了吗？作者就是用‘无论……从来没……即使……也能……’这样的语言把蝙蝠的飞行本领夸出来的。咱们不妨也学着作者的样子来夸一夸蝙蝠的飞行本领。”屏幕出示：蝙蝠的飞行本领真绝啊！

无论____________________，从来没见过它跟什么东西相撞，即使____________________，它也能____________________。学生纵情想象，精妙的语言运用相继而出，如：蝙蝠的飞行本领真绝啊！无论在原野还是树丛，从来没见过它跟什么东西相撞，即使一只刚学飞的蚊子，也逃不过它的“法眼”。在此基础上，从某些把握能力不强的学生的错误中适时点化：“前面的‘无论……’是概括了所有情况，后边的‘即使……它也能……’是具体举一个例子，正是这样由概括到具体、由一般到特殊地写，才把蝙蝠的飞行本领夸得神乎其神啊！”

这样的语言运用实践是对文本“蝙蝠的飞行本领高超”这一意图的丰厚和叠加，是基于文本语境的语言实践，而且这样的语言实践于学生思维的展开、语言的训练、智慧的表达都是一个极好的机会。因其表达形式的典型，还总结出先概括后具体，由一般到特殊的表达方法，可以说是将这一语言现象的语文价值发挥得淋漓尽致。但若不是这样的说明性文体，不是这样表达力求准确清晰的文体，这样的语言运用实践就捉襟见肘了。

比如《临死前的严监生》，这篇古白话小说最核心的语用点是人物描写上的白描手法，寥寥几笔，栩栩如生。课文中有这样三个句子：“（大侄子猜）他就把头摇了两三摇。”“（二侄子猜）他把两眼睁的滴溜圆，把头又狠狠摇了几摇，越发指得紧了。”“（奶妈猜）他听了这话，把眼闭着摇头，那手只是指着不动。”这一连串严监生动作、神态的细节描写，可谓绝妙！也有老师尝试过，如果赵氏也猜不着，严监生会有怎样的神情、动作。这样的实践运用最终导致学生思维固化，脱不开“把眼闭着摇头，手指得越发紧了”的限制。

我在教学中，就让学生脱开仿写运用的方式，代之以阅读批注的方式进行写法的理解和感悟，我以为这是语用的又一种方式。学生的发现让课堂熠熠生辉。比如：严监生的动作、神态符合当时的情境和身体状况，写得活灵活现。这三处描写分别写出了严监生的心情，当时严监生欲言不能，“摇了两三摇”是有些着急；“睁的滴溜圆，狠狠摇了几摇”不仅着急，还很生气；“把眼闭着摇头”是痛苦又绝望了。而且在这个过程中，严监生的生命也正在走向衰竭。再如：丰富的形象描写、心理变化，在吴敬梓笔下却是寥寥几笔，我国传统文学中惜墨如金的笔法在这里得到了最好的体现。

三

综上所述，抓住核心的语文内容，用恰当的教学策略进行教学，既顺应了文本本身的特点，也贴合着学生学习能力与思维发展的程度。当然，这并不意味着每种文体的教学都需要有独创的、单一的教学模式，这又走入了另一个极端，而且也并不科学。因为文本本身也会有其他文体表达形式的交错呈现，我们的教学策略也需要有相应的丰富与综合。但是，我们必须坚守一点，那就是教一类文体就得有体现这一类文体特征的过程，必须让学生在学习过程中明白：因为文体的不同，文本在内容的选择、技巧的运用以及结构的安排上都是不同的。我们的教学自然要抓住其不同之处，加以重锤，使之显发。

实践证明，精彩高效的阅读课堂，必然有意无意地契合文本的文体特征。因为，有文体意识，教语文必然准确，目光必然聚焦在文本表达的最大特色上；有文体意识，教语文必然轻松，提领一顿之后发现文章是这样编织起来的，于是往往抓住核心，事半功倍；有文体意识，教语文往往大气，不拘泥于零敲碎打，而是教得疏可走马，密不透风；有文体意识，教语文必定深刻，不再浮于表面，而是牢牢抓住文本表达形式上最大的亮点和特点。

所以，循着文体的特征去教，尊重文本的文体特征，把童话教成童话，把小说教成小说，把散文教成散文，我们才能使语文教学朝着更为本真自然、更为生气勃勃的方向发展。

四

毋庸讳言，当前有些一线教师未能准确理解和把握文体特征彰显的意义和内涵，形成了两种不良的倾向。

一种倾向认为，在小学阶段不宜强调文体特征，因为文体知识复杂、抽象，甚至文体之间界限模糊，不易区分，小学生很难系统地理解和掌握。

另一种倾向认为，彰显文体特征就是让小学生掌握基本的文体知识，是为写作服务的。甚至认为不会选择文体，不了解相关文体的基本要求，怎么能让学生写好作文呢？

出现上述两种倾向，我以为仍然是我们教学研究“非此即彼”的二元论在作祟，我们的研究仍然没有真正站在学生立场，真正切入语文教学的肌理。

认为文体特征不宜强调，是基于小学语文姓“小”，文体说得过早，反而容易对学生造成搅扰。这本身并没有什么错。问题在于，很多老师把彰显文体特征简单理解为讲授文体知识，与知识概念的记忆画上了等号，如此而一味反对，未免有些投鼠忌器的消极和因噎废食的无为。

当然，我在这里必须提醒老师们注意的是，文体特征的“彰显”应绝对避免脱离文本的、系统的讲解和记忆，我们所说的“彰显”其实是适时的点拨和适度的强调。学习了《匆匆》，发现作者似乎随性写来，然而每一字每一句甚至字里行间都弥漫着作者对时间匆匆流逝的无奈与感慨，在此基础上就可以顺势点化：这就是散文“形散而神聚”的特点。我们从事的是小学语文教学，面对的是学习能力正处于培养和提升阶段的小学生。我们强调文本的文体特征，并不是僵硬地给予，而是通过课堂教学内容的合理取舍，让学生直观形象地感知到文本的文体特征，长此以往，积累下丰富的文体体验，在将来必要的时候，再建立起系统的文体知识体系就事半功倍、水到渠成了。

而认为彰显文体特征是为了让学生掌握基本的文体知识、写好作文，这又显得急功近利、病急乱投医了。因为在小学阶段，习作的要求并没有被拔高到需要选择某种文体，这既不现实也没有必要。

我们今天之所以讨论“文体意识”的彰显，之所以有越来越多的老师认为要在语文教学中强调文体特征，那是因为，我们明确了语文学科是学习语言文字运用的综合性、实践性学科。面对任何一个文本，我们都要努力发现其中典型的语言特色、规范的语言表达和丰富的语言现象，而这些“语文”的发现，首先必须有鲜明的文体意识。

目录

第一章　教出小说的个中三昧 / 001

一、教出小说的个中三昧 / 002

二、重温真诚质朴的友谊，再现元气淋漓的闰土 / 012

——《少年闰土》教学实录、名师点评及教学反思

三、活化语用，妙趣横生 / 031

——《杨氏之子》教学实录与名师点评

四、领略伟大的善良 / 045

——《穷人》文本解读

第二章　让灵魂在古诗中穿行 / 053

一、古诗意象的探寻与发现 / 054

——以《古诗两首》为例

二、古诗两首，在意象的纵横叠加中淋漓 / 058

——《古诗两首》教学实录与名师点评

三、元气浑然神来笔，天地为之久低昂 / 080

——《闻官军收河南河北》教学札记

四、暖风一熏，意境全出 / 087

——古诗《题临安邸》教学札记

第三章　寓言：思维的狂欢 / 091

一、经典寓言教什么，怎么教 / 092
——以《自相矛盾》为例
二、重构寓言教学，展现课程魅力 / 099
——《自相矛盾》课堂实录
三、舍本逐末为哪般 / 116
——领略《纪昌学射》的匠心与魅力

第四章　神话：触摸先民神圣的信仰 / 121

一、神话：触摸先民神圣的信仰 / 122
——以《盘古开天地》为例谈神话教学
二、在神话里领略其“神”其“话” / 128
——《盘古开天地》教学实录
三、人类之母的伟大与慈悲 / 142
——《女娲补天》教学思考

第五章　散文：摩挲语言里的情感和气息 / 147

一、散文：摩挲语言里的情感和气息 / 148
二、看得见的时光匆匆 / 154
——《匆匆》教学思考
三、在学语习文的酣畅中领略非洲风情 / 158
——《彩色的非洲》教学思考与教学设计
四、纵情游走威尼斯 / 170
——《威尼斯的小艇》教学实录、教学反思及名师点评
五、聆听大自然的訇然绝唱 / 183
——《黄果树听瀑》文本解读与教学思考

第六章　说明性文章：品咂语言的真味 / 191

一、说明性文章：品咂语言的真味 / 192
二、带着更多的“谜”走出文本 / 197
——《月球之谜》教学思考
三、就这样一脚一脚往上爬 / 202
——《爬山虎的脚》文本解读
四、用心呵护这美丽而脆弱的地球 / 206
——《只有一个地球》教学思考

第一章
教出小说的个中三昧

小说，实乃大言。

“小说”这个称谓实在容易让人产生误会，因为就其功能——展现社会风貌，表达时代诉求，揭示人性真相——来说，它真不能叫小说，它所言说的是比历史更真实也更宏大的现世图景。更不必说它丰富多彩、精妙绝伦的表达艺术，最精准地还原出生命或生活的本质。凡此种种，都让我们不能不对它肃然起敬。走入课堂，我们也当领着学生细细品味，从字里行间发现小说的大言大义，不枉了作者的极尽巧思。

一、教出小说的个中三昧

在现行的小学语文教科书中，小说的选编数量并不多。究其原因，其一，由于小说本身篇幅较长，要节选部分作为教材真如老虎吃天，无从下口。其二，小说的语言表达往往极度个性化、风格化，与小学生的阅读能力和把握能力尚难契合。其三，就教材选编的品位基准而言，如非作者及作品具有最为广泛的认可度和较高的艺术价值，否则无法选编到小学教材中。以人教版教科书为例，除经典的古白话小说如选自《儒林外史》的《临死前的严监生》及选编自四大古典名著的部分片段之外，现代小说亦只选编了冯骥才、契诃夫、列夫·托尔斯泰、马克·吐温等中外名家的短篇或片段。其四，作为教材的小说是需要从中梳理出语文内容，展现其语文学习的价值和意义的，这对于大多数尚缺乏文学视野和对小说鉴赏涉猎不多的语文老师来说绝非易事。

尽管选编数量不多，然而就语言的表达艺术来讲，小说往往能达到其他文体所无法企及的高度。诗歌的语言相对自我与封闭，而且有“隔”与“不隔”的分野；散文的语言着意性灵流露，宣泄作者当即的情绪思致；小说的语言则以最准确、最艺术化地还原生命或生活本质为追求。无论古今中外，小说展露的都是人性最基本的向度，借由小说家们令人叹为观止的笔触，于平淡处见真醇，于无声处听惊雷。也正因此，小说教学相对其他文体，显得尤为难以把控，尤其是语文意识比较强烈的老师，在研读文本后发现哪里都可以开发出语文的内容来，以至于教学时无法准确定位，往往游移在鉴赏与导读之间，也无力重构内容，胶着在人云亦云的所谓精神内涵上不可自拔。

正本清源，笔者以为小说一旦走入课堂，我们就要有所节制，并且应当从受众——学生出发，合理地确定小说教学的内容。小说语言表达的核心即作者最为着力经营之处乃三个维度：典型环境的描写、人物形象的刻画以及精巧情节的设置。教学小说时，我们大可以聚焦这些核心内容，删繁就简，提领一顿，教出小说的个中三昧。

（一）典型环境描写中的场景魅力

如果我们仔细阅读小说，并从怎么写的角度考量，就会发现小说文本（哪怕是节选或者片段）都有相当典型的环境描写，营造出颇具张力的特定场景，为人物形象的刻画充分蓄势，正所谓“未成曲调先有情”。

以人教版教科书选编的小说《临死前的严监生》为例，短短不过427字，却埋伏着密集的环境描写，且看：“自此，严监生的病一日重似一日，再不回头。诸亲六眷都来问候。五个侄子穿梭的过来陪郎中弄药。到中秋已后，医家都不下药了。把管庄的家人都从乡里叫了上来。病重得一连三天不能说话。”短短六句话，读来并不起眼，然而仔细琢磨你就会发现，这六句话都指向一个意思——病重。有直接的描写，如第一、六句；也有侧面的烘托，如第二、三、四、五句，是从“亲眷、侄子、医家、家人”四种角色来写的。更绝的是，六句话一气呵成，不仅不让人觉得重复，反而清晰地呈现出严监生病况愈来愈严重的整个过程，从问候到弄药到不下药（即无药可救）再到把家人都叫上来，简洁干净的语言被编织得充满渐进性。尤其是“病重得一连三天不能说话”一句，为接下来“一茎灯草、两个手指、三种猜测”埋下了重要的伏笔，也为小说最后的讽刺效果奠定了基础。

再如课文《金钱的魔力》：“我等候着，一直等他把手头的事办完，他才领着我到后面的一个房间去，取出一堆人家不肯要的衣服，选了一套最蹩脚的给我。我把它穿上。衣服并不合身，而且一点儿也不好看，但它是新的，我很想把它买下来，便没有挑剔，只是颇为胆怯地说道：‘请你们通融通融，让我过几天再来付钱吧。我身边没有带着零钱哩。’”作者似乎只是在冷静地不带任何褒贬地陈述事实，自然而流畅。然而请你关注这样的词汇：“等候着”“一直等”“才”“后面”“一堆”“人家不肯要”“最蹩脚”“并不合身”“也不好看”。当把这些词汇筛选出来之后你会发现，作者要刻画的托德那冷漠刻薄、趋炎附势、认钱不认人的嘴脸已经昭然若揭，这与之后看到百万英镑时的托德形成了一个鲜明的对比。可见，这一连串的叙述正是作者讽刺效果的充分蓄势。

在《凡卡》中，作者展现的环境描写更为丰富。开头有一段话：“九岁的凡卡·茹科夫，三个月前给送到鞋匠阿里亚希涅那儿做学徒。圣诞节前夜，他没躺下睡觉。他等老板、老板娘和几个伙计到教堂做礼拜去了，就从老板的立柜里拿出一小瓶墨水，一支笔尖生了锈的钢笔，摩平一张揉皱了的白纸，写起信来。在写第一个字母以前，他担心地朝门口和窗户看了几眼，又斜着眼看了一下那个昏暗的神像，神像两边是两排架子，架子上摆满了楦头。他叹了一口气，跪在作台前边，把那张纸铺在作台上。”看似毫不经意、娓娓道来地陈述事实，然而仔细解读你会发现作者设定的典型场景——圣诞节前夜，凡卡偷偷拿出一小瓶墨水、一支笔尖生了锈的钢笔、一张揉皱了的白纸，跪在作台前边，看着昏暗的神像以及摆满了楦头的架子——全是阴沉、惊恐、无助和残酷的象征。但作者不忍心把这样的词汇放进去，而是全力克制着自己，努力地陈述事实。然而即使在这样的冷静陈述中，我们也能强烈地感受到“一小瓶、生了锈、揉皱了”所凸显出的凡卡的命运，他不就像这墨水、钢笔、白纸一样任由人蹂躏与欺侮吗？他不就像一张在老板、老板娘甚至伙计手中可以随时被揉皱丢弃的白纸吗？“在写第一个字母以前，他担心地朝门口和窗户看了几眼，又斜着眼看了一下那个昏暗的神像，神像两边是两排架子，架子上摆满了楦头。”他担心地望见了三种事物，望门口和窗户很显然是怕老板、老板娘或者伙计会突然回来发现他，但作者却又让他望见昏暗的神像和摆满了楦头的架子。这就更值得细细咀嚼了。神像，原本是代表着光明和希望、担负着救赎与重生的。然而在这里，他是冷漠得积满了灰的，是不开眼的，根本无法望见凡卡的悲苦可怜，更谈不上拯救。在凡卡眼里，他就是昏暗的。摆满楦头的架子是埋了伏笔的，因为联系后文可以知道，楦头正是让凡卡生不如死的作案工具，后文有写：“有一天，老板拿楦头打我的脑袋，我昏倒了，好容易才醒过来。”所以此处凡卡才会去看“摆满”的楦头。我们仿佛可以看得到这些楦头上的斑斑血迹。叹了一口气、跪在作台前以及开始整体出现的凡卡的形象，是那样无助与羸弱，那样单薄与可怜。这所谓的叹了一口气，是想到了老板、老板娘和伙计的残忍，是想到了神的冷漠，是想到了楦头的残酷。更要命的是，作者轻描淡写的“圣诞节前夜”，那不就是平安夜，相当于我们的除夕吗？在这样一个一年中最热闹幸福、万家灯火的夜里，九岁的凡卡带着满身的伤痛与绝望开始写信。于是跪的虔诚只能寄予他唯一的希望，那就是爷爷了。

课文中除开篇之外还有几处环境描写，全插叙在写信过程之中，如对爷爷的介绍：“爷爷是日发略维夫老爷家里的守夜人……”对故乡村子的描写：“天气真好，晴朗，一丝风也没有，干冷干冷的。那是个没有月亮的夜晚……”对莫斯科的讲述：“讲到莫斯科，这是个大城市，房子全是老爷们的，有很多马，没有羊，狗一点儿也不凶。圣诞节，这里的小孩子……”以及对和爷爷砍圣诞树、逮野兔的描写：“多么快乐的日子呀！冻了的山林喳喳地响，爷爷冷得吭吭地咳，他也跟着吭吭地咳……”这每一处环境的描写，作者都潜心经营。既与小说的情节紧紧咬合，相辅相成，不断向纵深推进，也与凡卡哭诉的当下非人的学徒生活形成鲜明的对比。这些环境的描写一反学徒生活的悲惨绝望，而全是明亮灿烂的笔触：温暖慈祥的爷爷，快活清亮的乡村，光鲜亮丽、无法亲近的莫斯科以及情趣盎然的砍树、逮野兔，等等，字里行间闪烁的就是安详、美好、希望、情趣、神奇和活力，由此呈现出凡卡内心的跌宕起伏，展露出凡卡对于回到乡下爷爷身边的强烈渴望。

环境描写看似毫不经意，只是具体场景的描写与陈述，实则暗藏作者深层的言语意图。无论是古白话小说还是现代小说，环境描写都是营造特定情境、凸显人物形象、推进故事情节必不可少的蓄势造势与情感酝酿的酵母。在教学过程中，我们就可以在整体感知后聚焦到这些环境描写中，让学生发现作者写法的精妙，品味这样写而不那样写的意图，获知其中的匠心独运与语言运用技巧，从而领悟到小说典型环境描写中的场景魅力。

（二）人物形象刻画中的语用典范

众所周知，小说写作的意图即记录生活图景，展现社会风貌，刻画人物形象。古今中外成功的小说都是因为刻画了表达时代诉求的最典型、最具有生活气息和时代烙印的人物形象而受到读者们的追捧。即使是神魔、历史、科幻类的小说，也以刻画出具有符号性的人物形象而被奉为经典。从这个意义上说，人物形象的刻画是小说家才情最为集中的展现。因此，在小说教学中努力发现并揣摩、领悟甚而至于模仿、化用作者人物刻画上的语言表达，是小说教学的核心内容。

人教版课文《少年闰土》，节选自鲁迅先生的自传体小说《故乡》。在《故乡》中，作者鲁迅正是通过闰土这个形象的少年至中年的蜕变展现时代的烙印。这个小时候无忧无虑、天真聪慧的少年，时近中年却被兵匪官绅、苛捐杂税逼得不成人形，褪却了所有的灵性智慧与希望梦想，表达出鲁迅先生致力民众觉醒、改造当下社会的强烈愿望。节选部分正是整部小说中最温暖明亮的片段，适合小学生阅读与体验。在这部分中，作者也是着力在人物形象的刻画上，按“回忆中英武不凡的少年闰土、现实中淳朴憨厚的少年闰土以及想象中无所不知的少年闰土”的层次推进，刻画人物形象。以现实中的少年闰土为例，作者只用一笔：“他正在厨房里，紫色的圆脸，头戴一顶小毡帽，颈上套一个明晃晃的银项圈。”却展示出人物外貌描写的最大旨要：抓住特点。在教学中，我们应当适当还原与比较，让学生从中感受到作者并没有循序渐进地对人物五官进行描写，而是只抓住了轮廓进行勾勒。然而对于当时与闰土年龄相仿的作者来说，印象最深刻的却正是这个轮廓：紫色的圆脸，头戴小毡帽，颈上银项圈。这是像作者这样的城里少爷不具备也不常见的。从而让学生领悟人物外貌描写要善于仔细观察，发现差异之处，着力特点描写。

课文《穷人》是列夫·托尔斯泰的经典作品。在刻画桑娜这个人物形象时，作者抓住的是人物的心理活动。文中最集中的一处心理剖析："他会说什么呢？这是闹着玩的吗？自己的五个孩子已经够他受的了……是他来啦？……不，还没来！……为什么把他们抱过来啊？……他会揍我的！那也活该，我自作自受……嗯，揍我一顿也好！上帝，我为什么要这样做？……如今叫我怎么对他说呢？……"细读此处，桑娜那种心乱如麻、千头万绪的感觉就在作者一连串的短句和省略号中展现得淋漓尽致，也正是这些短句和省略号使整个语言节奏变得明快，衬托着慌乱激动、不知所措的桑娜。这些内心的独白乍看之下显得凌乱而缺乏逻辑，却也更好地呈现出了桑娜当时的惊魂不定、忐忑不安。

课文《慈母情深》节选自梁晓声的小说《母亲》，很多老师在教学中也都会关注文中这些句子："背直起来了，我的母亲。转过身来了，我的母亲。褐色的口罩上方，一对眼神疲惫的眼睛吃惊地望着我，我的母亲……母亲说完，立刻又坐了下去，立刻又弯曲了背，立刻又将头俯在缝纫机板上了，立刻又陷入了忙碌……"这两处连续性的对母亲神情动作的描写从语言表达形式本身折射出我内心的震荡与不安。这个天塌下来都顶得住，什么时候都想得出办法的母亲原来是这样的苍老、这样的疲惫、这样的不忍卒睹。

苏教版课文《林冲棒打洪教头》，改写自施耐庵的《水浒传》，刻画林冲这一形象时运用了对比反衬的手法。文中大量的篇幅都在写所谓的"洪教头"，从趾高气扬的神情到不可一世的语言再到虚张声势的动作，全力呈现一个狂妄无边的洪教头。比如这样的神情动作："挺着胸脯，歪戴着头巾……全不理睬，也不相让，便去上首坐了……先脱了衣裳，拿起一条棒掂量一番，独自耍了一阵，然后喝道：'来！来！'

恨不得一口吞了林冲，便把棒在地上猛敲一下，冲向林冲。……洪教头跳起来大喊：‘来！来！来！’举起棒劈头打来……洪教头一棒落空，他一个踉跄，还没有站稳脚跟，就又提起了棒。”再比如这样的语言：“只因大官人好习枪棒，往往流配的犯人都来依草附木，冒称武师，找你骗吃骗喝，你怎么能如此轻信呢？”“我偏不信他，他敢和我较量一下，我就承认他是真教头。”展现在我们眼前的活脱脱一个自我膨胀、鲁莽无知、气急败坏、不知天高地厚的家伙。作者在描写中虽然都不过是白描式的粗粗几笔，却境意全出、入木三分。而作者这样着力刻意地描绘洪教头，其实醉翁之意不在酒，最终是想反衬出林冲的机智敏捷、武艺高强、气定神闲、谦逊有礼，展现出林冲八十万禁军教头的风范。所以，对洪教头越是浓墨重彩地进行渲染，对林冲越是克制笔墨地轻描淡写，其反衬效果就越佳。尤其是在情节设置上也刻意营造出一波三折来，使得最后洪教头措手不及、“扑”声倒地、棒甩老远、满面羞惭、灰溜溜走开的结果愈发见出讽刺效果。而柴进这个人物形象则是在表现林冲上起到穿针引线、推波助澜的烘托作用。

从几篇小说对人物形象的刻画上可以发现，作者都是极尽巧思来体现人物特点的。因为小说风格的不同以及所写人物形象的差异，描写手法也都各有精彩之处。其中既有外貌描写上的独具匠心，也有神情动作描写上的入木三分，更有语言描写上的别出心裁，而侧面烘托、反面衬托、环境渲染、情节推动等手法更是水乳交融。在教学过程中，我们要善于发现这些陌生化、有特点的语言表达，带领学生阅读体味，领略到作者在人物刻画上的笔墨特点，依托文本语境，或创设适当情境，实现揣摩、领悟、模仿甚至化用，实现小说教学中的积极语用。

（三）精巧情节设置中的节奏意识

小说的情节设置与叙事性文章相比，凸显出鲜明强烈的节奏意识。叙事性文章的情节推进是按照事件的发展进程循序渐进的，小说的情节推进却是作家们又一费尽思量之处。小说情节设置的无痕、适度、精巧、张力，呈现出的“似在情理之中，实则出乎意料”，都需要高超的语言艺术和节奏意识。

在情节设置上最典型的是微型（短篇）小说。因其篇幅较短，必须在简约到极致的小说中设置出人意表的情节，形成独特的艺术张力。比较有代表性的是人教版五年级下册课文《桥》。在这篇600多字的小说中，除了典型的洪水场面描写先声夺人之外，人物形象的刻画也是刀刀见力。不过，最精妙的还在于作者情节的设置，不断地制造冲突与悬念，尤其是：“突然冲上前，从队伍里揪出一个小伙子……用力地把小伙子推上木桥，木桥坍塌小伙子和老汉被洪水吞没……五天以后老太太祭奠丈夫和儿子。”情节之间的短句、场景的迅速转换，到最后的结局呈现，相信每一位读到它的人都会耸然动容。然而作者却极力俭省着笔墨与情感，只是一味客观冷静地叙述着事实，展现着故事的起承转合。

《临死前的严监生》中，作者的情节设置与人物形象的刻画互为依托，相辅相成。严监生伸着两个指头总不得断气，于是周围的人依照人之常情进行猜测，大侄子猜两个亲人，二侄子猜两笔银子，奶妈猜两位舅爷，已然将文章的势造到极致。所有读者都百思不得其解这两个手指到底为何。不想赵氏却轻描淡写地挑掉一茎灯草，严监生登时就没了气。这个情节推动的过程就像往一个气球里边吹气，大侄子、二侄子、奶妈一个接着一个吹，已经把气球吹得膨大之极了，这时赵氏拿来一枚细针一戳，只听“嘭”的一声，气球就炸了。这就是情节设置的张力，把所有读者的心都揪起来，把所有的阅读欲望都蒸腾起来，然后特别不经意地出现突转。粗粗一看不合情理，细细琢磨合情合理。而这，也真正实现了讽刺需要的表达效果：以荒诞的情节和荒谬的事实，言之凿凿地讲述一个合情合理的人物传奇。我们阅读着这样的故事，自然不免拍案叫绝。

《林冲棒打洪教头》中，主角林冲若隐若现，而配角洪教头则嚣张跋扈。推动整个情节发展的是冷眼旁观的柴进。在这个片段中，为了凸显林冲谦逊有礼、机智敏捷、武艺高强的特点，设置了“主动让座隐忍挑衅，初次交手刻意认输，柴进加彩再次比试，棒打惩戒点到为止”四个情节。四个情节据其表现人物特点的功能，展现了详略的变化。比如“主动让座隐忍挑衅”这个部分比较详细，着力描绘洪教头的不可一世，而接下来的两个情节相对简洁，初次交手也是三言两语一带而过，那是为了最后的棒打惩戒铺垫到位。即使最后洪教头不堪一击，林冲也是点到为止，没有像想象中的痛下杀手，好好羞辱他一顿。这就更加显示出林冲的气度和智慧。毕竟，自己是庄上的客人，而洪教头是柴进的师父，羞辱洪教头，也会给柴进难堪。点到为止，既消除了柴进的疑虑，让他领略了林冲的高强武艺，又给足了柴进的面子，真可谓进退有度啊。这不是类似李逵、洪教头的莽夫可以把控的，这是长期在朝廷中逢迎惯了的林冲生存的智慧。在情节推进过程中，描写柴进的往往只是一两句话，却是其中关键。比如：“我也正想看看二位教头的本事，林武师就不要推辞了。”再如：“还没见二位较量呢，怎么便输了？……连忙请两个差人开了枷，请两位教头使出本事，再试一棒。”还有：“二位教头比试，不同一般，这锭银子权且作为彩头，谁赢得就将这银子拿去。说着将一锭二十五两重的大银丢在地上。”正是这些自然到毫不经意的语言与动作，将后边三个情节精彩有序地编织起来，而且使这场比试也显得一波三折，峰回路转。如果一上手，林冲便使尽浑身解数，三拳两脚把洪教头教训一顿，想来这个故事就过于直白，也无法展现林冲的精明与隐忍了。

课文《刷子李》，展现津门人物粉刷能手刷子李，作者也是将情节设置得婉转奇崛。故事以曹小三为切入口，以他的所见所闻所感带引着所有读者见识刷子李的绝技。从“悠然刷墙见真功”到“突显白点露了馅”再到“提裤细看才恍然”，真正是让第一天做学徒的曹小三开了眼界，内心也是经历了云霄飞车般的起伏跌宕。

“文似看山不喜平”，小说情节的设置鲜明地展现出作家行文的别出心裁，也不断地挑战着读者的想象力。但纵观情节设置的技巧，基本呈现出一波三折的情致，也因此才有“山重水复疑无路，柳暗花明又一村”的奇绝。

值得一提的是，无论典型环境、人物刻画还是情节设置，在一篇小说中是浑然一体、相辅相成的。为了研究表述的方便，笔者才进行这样的呈现。因此在小说教学中，语文老师在发现这些核心的语文内容之后，还需要巧妙地进行教学流程的编织，从学生准确的学习起点出发逐步建构教学，把握小说情节，渗透写作特色，实践积极语用，如此，也才能避免将小说教学异化为单纯的鉴赏和导读，也避免使小说教学堕入条分缕析的境地。“作者思有路，遵路识斯真。”循着小说的文体特征，教出小说的核心语文内容，才能对得起古今中外这些文学大家们呕心沥血的创造。

二、重温真诚质朴的友谊，再现元气淋漓的闰土

——《少年闰土》教学实录、名师点评及教学反思

教学实录

（一）沉醉美好的想象，初识那闰土

师：今天我们要来认识一位海边少年，这少年离我们有些遥远，是大作家鲁迅先生儿时的玩伴，一起读课题。

生：少年闰土。

师：课前老师布置了朗读，大家都读了吧？

（生纷纷点头）

师：（出示）你能读得正确、流利吗？

①**其间**有一个十一二岁的少年，项**带**银圈，手捏一柄钢叉，向一匹猹尽力地刺去，那猹却将身一扭，反从他的胯下逃走了。

②那时我的父亲还在世，**家景**也好，我正是一个少爷。

③那一年，我家是一件大祭祀的**值年**。

④我也很高兴，因为我早听到闰土这名字，而且知道他和我**仿佛**年纪，闰月生的，五行缺土，所以他的父亲叫他闰土。

⑤这可见他的父亲十分爱他，怕他死去，所以在神佛面前许下**愿心**，用圈子将他套住了。

⑥于是不到半日，我们便**熟识**了。

⑦我那时并不知道这所谓猹的是怎么一件东西——便是现在也没有知道——只是**无端**地觉得状如小狗而很凶猛。

⑧我**素不知道**天下有这许多新鲜事：海边有如许五色的贝壳；西瓜有这样危险的经历，我先前单知道它在水果店里出卖罢了。

⑨啊！闰土的心里有无穷无尽的**希奇**的事，都是我往常的朋友所

不知道的。

（生读第①句）

师：真好！果然正确又流利。知道“其间”是什么意思吗？

生：在这片西瓜地中间。

师：“项带银圈”的“带”我们现在不这么写。

生：应该是写戴帽子的“戴”。

师：大家一起端端正正写一遍。

（生练写）

师：第②句谁来读？

（生读）

师：什么是“家景”？

生：就是一个人的家境。

师：没错。就这样用现代词汇去代替理解。

（生读第③句）

师：知道什么是“值年”吗？

（生迷惑不知）

师：那么“值日”知道吧？

生：在学校里轮到我打扫的那一天，就叫“值日”。

师：没错。轮到打扫的那一天叫“值日”，那么轮到我们家做祭祀的那一年就叫——

生（恍然）：值年。

[生读第④句，五行（xíng）读成五行（háng）]

师：五行（xíng）不要念错！再念一遍。“仿佛”就是——

生：差不多。

师：现在我们说的“仿佛”往往是什么意思？

生：好像。

（抽生朗读第⑤⑥⑦⑧⑨句，师指导用找近义词、借助工具书等方法理解“愿心”“熟识”“无端”“素不知道”“如许”，明确“希”

现在写成“稀”）

师：请大家再轻轻地读读这些句子。

（生自由朗读）

师：要知道鲁迅先生生活在文言文和现代白话文交替的时代。所以读鲁迅先生这一代作家们的文章，你会碰到很多这样的词汇。不过你们很了不起，不仅读得正确、流利，而且还能运用很多方法，像联系上下文、用现代词汇代替、找近义词等等来读懂它们。

【点评：高段如何进行非文本核心词汇的生字词教学，此处是一个很好的范例。一是词语回归句的语境，既有助于词的理解，又很好地完成了课文初读的检测，可谓一箭双雕。二是能直面文本特殊的语言现象，顺势而为，顺词语之性而为，或点击词义，或正音清本，或相似比较……一丝不苟。三是从学生的自我发现中巧妙提炼学法，随机点化渗透。整个过程如创作一幅水墨，笔触轻点，看似随意，却气韵相连、无不妥帖、自成气象。】

师：书要读得进去，也要读得出来。下面请你根据自己对课文的阅读理解，琢磨琢磨文章的写作顺序，完成作业纸的第一题：

1. 仔细朗读课文，请按照课文写作顺序进行排序。

相识　　离别　　回忆　　相处

（生独立排定文章写作顺序）

师：根据你的阅读理解，课文的写作顺序是——

生：文章从“回忆”写到“相识”，接着是“相处”，最后是“离别”。

【点评：理清文章思路是本文教学的一个难点。分段，概括段意或加小标题等常见教学形式或也可帮助学生把握文本的叙述结构。但这样的运作对于一篇经典文学作品的教学来说，却难免散魂失魄，课脉尽断。才军如此设计，可谓纤巧，如凌波微步、踏雪无痕，既有效突破难点，又为接下去的课堂之旅赢得腾挪的空间。】

师：了解了文章的写作顺序，也就把握了文章的大意。说起这段回忆，的确是烙印在作者心中最深刻、最神奇的记忆。（出示片段）

我请一位同学轻轻地读一读：

深蓝的天空中挂着一轮金黄的圆月，下面是海边的沙地，都种着一望无际的碧绿的西瓜。其间有一个十一二岁的少年，项带银圈，手捏一柄钢叉，向一匹猹尽力地刺去，那猹却将身一扭，反从他的胯下逃走了。

师：谁来读？

（生读第一句）

师：读着这个句子，你的眼前仿佛出现了怎样的画面、怎样的景象？

生：我的眼前仿佛出现了金黄的明月洒在一望无际的沙滩上，西瓜地碧绿碧绿，圆圆的西瓜遍地都是的画面。

生：我仿佛看到了海边乡村夜晚的美丽景象，它有各种各样的色彩，深蓝的天空，金黄的圆月，碧绿的西瓜地。

师：朗读，最重要的就是读着眼前的句子，脑海中同时就出现了句子所描绘的景象。来！就请你来读，读出那些亮丽的色彩。

（生把描写色彩的词汇读出重音，读得很绚丽）

师：除了这些亮丽的色彩，谁来读出那些美丽的景物？

（生读，读得很有感觉）

师：你不但读了那些色彩和景物，而且把那种空间的静谧辽远也通过朗读表现出来了。谁再来读？

（生读）

师：你读出的，是另外一种海边乡村夜晚恬美宁静的感觉。来！就带着这样的静谧辽远、恬美宁静，我们一起美美地读。

（生齐读第一句）

师：后边两句谁来读？

（一生读，基本正确，但形象不鲜明）

师：这少年如果要你用一个词来形容，你会用什么？

生：英勇。

生：机智勇敢。

师：会用四字短语来表达，真好！咱们就把自己的阅读感受写在这个句子旁边。老师也有自己的想法，我用这个词来形容（板书：英武不凡）。你可以写老师的词，也可以写刚才同学说的或者自己的词，就写在句子的旁边。

（生自由选择批注词语）

师：谁能把少年这种英武不凡、机智勇敢通过朗读表现出来？

（生读，读得很正确，但感觉不明显）

师：猹“将身一扭”你读得很生猛！（众笑）但少年的机智勇敢还没感觉。老师在读这个句子的时候，马上联想起评书中的“开脸”。你们听过评书吗？评书中说一个武将上来了，得先有一段话来描述他，就是那种感觉。“其间”——注意，要停顿，这样就把人们的注意力引过来了。下面的话要读得语速稍快点，铿锵有力一些。

（师范读，凸显“十一二岁”“项——带银圈”“手——捏一柄钢叉”。生自由练读，抽生读，齐读，笑声掌声）

【点评：此处引用“开脸”是神来之笔，讲述亦甚妙！】

师：下面，老师和大家配合着来读。请你们先读第一句，老师来读后两句。待会咱们再换过来。如果说刚才第一句描写的是景物，那么后两句描写的是——

生：人物。

师：如果说描写景物是静的笔触，那么这里写到少年和猹是——

生：动的笔触。

师：是的。读静的景物需要用舒缓的语调，那么读动的人物需要——

生：紧张的、激越的、快速的语调。

师：景物要读出它丰富的色彩，而人物要读出他——

生：机智勇猛。

生：勇敢生猛。

师：动静相生，所以我们要读出对比和变化来。

（师生合作读，一静一动，舒缓激越，相辅相成）

【点评：以声绘色，以声绘形，以声绘人……朗读指导钩弦提要，层层铺染，十分精彩！】

（二）直面散淡的勾勒，再识那闰土

师：一起来见见那真实的闰土，让我们走进他们相识的片段，你看到闰土了吗？（出示）

他正在厨房里，紫色的圆脸，头戴一顶小毡帽，颈上套一个明晃晃的银项圈……

（生读）

师：眼前的闰土，如果要你用一个词来形容他，你会用什么？

生：健康朴素。

生：天真可爱。

生：憨厚老实。

生：淳朴天真。

师：真好，都能用这样的四字短语。请你选一个词写在句子旁边。老师也选一个写在黑板上（板书：淳朴天真）。

（生自由选择批注词语）

师：谁来读一读？读出那股子憨劲儿、天真劲儿来！

（生读，把“圆脸、小毡帽、明晃晃”这些最能表现天真的词汇凸显了出来）

师：从作者对闰土的观察和描写上，你发现了什么特点？

（生若有所思）

师：你可以回忆一下，通常我们要描写一个人的外貌，往往从什么写起？

生：眼睛，或者头发。

生：眼睛。眼睛是心灵的窗户嘛！

师：没错。通常我们写人物外貌的时候都是从眼睛开始的，但鲁迅先生不是这样写的。你发现了吗？

（生齐说发现了，若有所悟）

师：老师读到这里的时候，想起了我们中国著名的漫画大师丰子恺，老师带来两幅他的画作。请看大屏幕（出示）。你会发现这两位大师在描画人物上有一个共同的特点。

图 1　丰子恺画作

（注：图片来自网络）

生（仔细观察后）：他们都没有细致描绘五官。

师：你这个发现真了不起！你看，两位大师都没有对人物五官的细致刻画。但是，我们读着这样的描写，看着这样的画作，闰土的憨厚淳朴感觉到没有？小孩的天真感觉到没有？老人的悠闲、妇女的时髦感觉到没有？不仅特点鲜明，还非常传神，你知道为什么吗？

生：因为他们都是抓住了人物最大的特点来写的。

师：没错。抓住人物最大的特点，哪怕只有寥寥几笔，也能写得活灵活现。对于鲁迅这个城里少爷来说，与他年纪相仿的闰土，最大的特点不在眼睛、头发，而是他海边农家少年独有的“紫色的圆脸”“头戴小毡帽”和“明晃晃的银项圈”。因为这是跟他以及他往常的朋友们截然不同的，所以你的启发是？

生：描写人物一定要抓住最大的特点，不一定要从眼睛、头发开始。

【点评：此处拓展巧妙地运用了心理学中的相似性原理。引用丰子恺的两幅漫画，使得原本相对抽象的人物描写技巧，变得可触可观，引起学生强烈的学习体验当在情理之中。】

（三）感受相处的情味，烙印那闰土

师：闰土在和我相处的过程中给我讲述了许多新鲜有趣的事。请你快速地浏览课文，看看他都给我讲了哪些事。

生：闰土给我讲述了四件新鲜事。第一件是教我怎样在雪地里捕鸟。

师：你能不能把它概括成四个字？

生：教我捕鸟。

生：雪地捕鸟。

师：这样说更准确。接下来老师请你们像这位同学一样，用四个字的短语概括出另外三件事来，快速地完成作业纸的第二题：

2. 课文中，闰土给我讲了四件新鲜事，请你用四字短语概括。

（雪地捕鸟）—（　　　　）—（　　　　）—（　　　　）

（生进行概括，师巡回指导）

生：闰土给我讲的第二件新鲜事可以概括为"海边捡贝"。

生：第三件是"月夜刺猹"。

生：我觉得可以说成"瓜地刺猹"。

师：都行。能把这段文字概括成这样的四个字，真了不起！第四件事作者一笔带过，你们概括成什么了？

生：我觉得是"沙地跳鱼"。

生："看跳鱼儿"。

师：大家都概括得非常好，就是写了这样的四件事（出示）。老师有些和大家一样，有些不一样，你可以自己选择。

雪地捕鸟—海边拾贝—看瓜刺猹—看跳鱼儿

师：对我来说，这其中无论哪一桩、哪一件，都让我觉得是——

生：新鲜的事。

生：稀奇的事。

师：这些事一而再，再而三，三而四地撩拨着我的心。而且你们发现没有，在闰土每一次讲述的最后，总会出现一个标点符号？

生（马上发现）：是省略号。

师：找一找有几处这样的省略号。

（生读一处，师出示一处，并请生说说省略的是什么）

什么都有：稻鸡，角鸡，鹁鸪，蓝背……

你便捏了胡叉，轻轻地走去……

它的皮毛是油一般的滑……

就有许多跳鱼儿只是跳，都有青蛙似的两个脚……

师：你看，这些省略号也是这样一而再，再而三，三而四地撩拨着我的心哪。听着闰土娓娓道来、滔滔不绝的讲述，此时在我的心里，闰土简直可以用一个词来形容。

生：神通广大。

生：见多识广。

生：知识丰富。

生：聪明能干。

师：真会用词，请你选一个写在课文纸旁边。老师也选一个（板书：见多识广）。就是这样的见多识广、知识丰富、聪明能干。比如第二日我要他捕鸟的时候，他说——

生："这不能。须大雪下了才好。我们沙地上……"

师：不愧是聪明能干的闰土。你可以想象，闰土在讲述这些事的时候，会是一种什么样的神情？

生：很自豪，很骄傲，好像什么都知道的样子。

师：是啊！你得表现出这种神气和自豪来！

（生再读，很有感觉）

师："我于是又很盼望下雪。闰土又对我说——"

生：“你夏天到我们这里来。我们日里到海边捡贝壳去……月亮地下，你听……轻轻地走去……”

师：轻着点，你这样会把猹给吓跑的！它不咬人么？

生：“有胡叉呢。走到了，看见猹了，你便刺。这畜生很伶俐……”

师：不愧是见多识广的闰土。更妙的是，我们沙地里——

生：“我们沙地里，潮汛要来的时候……”

师：听着闰土滔滔不绝的讲述，我不由自主地羡慕（出示）——

生（齐读）：“我素不知道天下有这许多新鲜事：海边有如许五色的贝壳；西瓜有这样危险的经历，我先前单知道它在水果店里出卖罢了。”

师：我又情不自禁地感叹——

生（齐读）：“啊！闰土的心里有无穷无尽的希奇的事，都是我往常的朋友所不知道的。他们不知道一些事，闰土在海边时，他们都和我一样，只看见院子里高墙上的四角的天空。”

师：我不由自主地羡慕又感叹，感叹又羡慕——

生（齐读）：“我素不知道天下有这许多新鲜事：海边有如许五色的贝壳……出卖罢了。啊！闰土的心里有无穷无尽的希奇的事……院子里高墙上的四角的天空。”

【点评：以引读重组文本内容，更能推动学生整体把握闰土的见多识广，从课堂节奏上看，此处是蓄势待发。】

师：“只看见院子里高墙上的四角的天空”让你想到一个成语故事——

生：坐井观天。

生：井底之蛙。

师：面对这个侃侃而谈，滔滔不绝的闰土，我觉得自己就是那只——

生（齐说）：井底之蛙！

师：因为闰土讲述的无论哪一桩、哪一件事，对于我，唤起的一再是这样的感觉（出示）——什么感觉？

我那时**并不知道**这所谓猹的是怎么一件东西——便是现在也没有知道……

我**素不知道**天下有这许多新鲜事……

啊！闰土的心里有无穷无尽的希奇的事，都是我往常的朋友**所不知道**的……

生：一直一直的“不知道”。

师：是啊，（指大屏幕）我不知道、我不知道、我不知道，我并不知道、我也没有知道、我素不知道、我所不知道。这一连串“不知道”的背后，是一种不满的宣泄、一种遗憾的慨叹、一种真切的向往啊！你觉得作者不满什么？

【点评：此处教师语言具有极强的教学张力，层层复沓，不断助推学生走向高峰体验。但从另一个角度看，后半部分的语言显得教师控制欲过强，缺乏让学生自由思维的弹性。】

生：作者不满自己那种城里少爷的枯燥乏味的生活。

师：你说到作者心里去了。那么作者遗憾的又是什么？

生：作者遗憾自己眼界狭窄，像个井底之蛙，没能像闰土一样拥有广阔丰富的世界。

师：这就叫心有灵犀啊！那么作者向往的又是什么？

生：作者很向往闰土那种丰富多彩、无忧无虑、欢乐刺激的乡村生活。

师：你们不仅读懂了文字，还读懂了文字背后的人。让我们就带着这种不满，这种深深的遗憾和满怀的向往一起来读。

生（齐读）：“啊！闰土的心里有无穷无尽的希奇的事……他们都和我一样，只看见院子里高墙上的四角的天空。”

（四）复沓缠绵的离别，长忆那闰土

师：可惜正月过去了，来！捧起课文一起读最后的离别！

生（齐读）："可惜正月过去了，闰土须回家里去。我急得大哭，他也躲到厨房里，哭着不肯出门……"

师：从此没有再见面，然而在那一年的夏天，当我收到闰土托父亲带给我的一包贝壳和几支很好看的鸟毛时，我知道闰土并没有忘记我，我的脑中自然就浮现出了那美丽的乡村画面（出示）——女生一起读！

女生（齐读）："深蓝的天空中挂着一轮金黄的圆月，下面是海边的沙地，都种着一望无际的碧绿的西瓜。"

师：而当我有了城里孩子的新鲜玩意，想着我见多识广的农村朋友闰土可能没有，于是托人送去的时候，我的脑中又闪现了那个英武不凡的少年（出示）——男生一起读！

男生（齐读）："其间有一个十一二岁的少年，项带银圈，手捏一柄钢叉，向一匹猹尽力地刺去，那猹却将身一扭，反从他的胯下逃走了。"

师：后来很长的时间里，我遭遇家道中落、父亲病故，少年时又辗转求学、颠沛流离。孤独的时候，我总会想起儿时故乡这个亲切的伙伴——闰土，想起他，我脑中自然就浮现了这样绝美的景象——一起读！

生（齐读）："深蓝的天空中挂着一轮金黄的圆月……反从他的胯下逃走了。"

师：三十多年过去了，我又重新踏上了故乡这片熟悉的土地，当母亲说起闰土就要来看我时，我的脑中又闪出了这幅神异的画面！——咱们能背的背，不能背的就捧着书朗诵。

（生集体激情背诵）

师：三十年，烙印在我心中的就是这样一幅神异美丽的画面，这样一个英武不凡、淳朴天真、见多识广的少年，这样一段真诚质朴的友谊。

【点评：课之终回扣那记忆中的闰土，宛如复沓渺远的歌谣。同

是此人此景，因经历了课堂的轮回，学生的体验已然不同。言意两得，课终情未散，正是此处之妙！】

名师点评

十年前，我在本地执教《少年闰土》，赢得一些薄名。十年后，我阅读才军的这堂《少年闰土》，蓦然发觉这才是真正属于语文的《少年闰土》的教学。

通观整堂课，我觉得才军的《少年闰土》最大突破在于自觉摈弃了“内容分析式”的教学，努力地向“教语文”靠近。整堂课把文本内容分析压缩到似乎已不可再压缩的地步。这在以往该课的公开教学中是绝难见到的。打个不甚恰当的比方，对于进入语文教材的作品来说，文本内容如舟，而语文价值则是舟载之物。语文教学就是要寻找这舟载之物，享用这舟载之物。语文价值依附于文本内容，但有主次之分。才军深谙此理，才能在课堂行进中如此克制，从而引导学生从内容走向语言的学习和领悟。

这篇课文的语文价值在哪里？这篇课文教学的语文核心价值——语文能力的培育价值在哪里？其实这篇课文的出处——人教版教科书第五单元的导语中已经有所交代。本单元导语就语文能力领域提出了三条目标：一是理清文章思路，二是体会含义深刻的句子，三是继续学习描写人物的一些基本方法。话虽笼统，但是已经基本给我们指定了《少年闰土》这篇课文的语文教学价值边界。毫无疑问，才军真正地读懂了教材，读懂了编者的意图。他的许多基于文本的个性化教学创造，细细审视，其实都铆定在这三条语文能力的核心目标。

我不是教材至上论者。但教学应当有边界，尤其是公开教学，不应该成为天马行空的精神野餐，不应该成为挥洒教师深度解读和个人才华的自由舞台。如何读懂教材，如何读懂编者意图，如何确定文本的语文价值，从而构建合宜的语文学习内容，对于当前奠基孩子的语文素养，指导广大一线教师日常教学有着不可替代的意义。才军的《少年闰土》，为我们做出了榜样，也值得听课教师的尊重。

一场盛宴，光有好的原料是远远不够的。好课的诞生也是如此。细读这堂课，我们可以看到才军对六年级的学情有着十分精细乃至精确的预设，这在很大程度上保证了课堂的高效生成。这体现的是名师课堂的专业技术含量。我一直认为课堂教学是需要技术的，只有技术至圆融之境方可称之为艺术。相较于《临死前的严监生》和《伯牙绝弦》，才军对于课堂教学技术的运用无疑已经更为纯熟、更为无痕、更为智慧。无论是情境推动，还是引读复沓；无论是拓展引用，还是节奏控制，才军正在逐步走向属于他的语文教学艺术之峰。

最后，我想说的是生长生活于绍兴这块土地上的语文教师，对于鲁迅，对于《少年闰土》，自当有一份特殊的温情和敬意。我是，才军也是。才军曾说，《少年闰土》的教学，是对鲁迅先生文品的一种自觉认同，是对绍兴乡村生活的一次热烈重温，是对童年光影的一次真情记录，如此愉悦，如此亲切，如此独特。

我深以为然。

（特级教师、浙江省绍兴市教育教学研究院　莫国夫）

教学反思

好一个生气郁勃的少年

在人教版小语教材中选编了两个人物主题单元，分别是五年级的“走近毛泽东”和六年级的“亲近鲁迅”，开篇皆是其代表作品，选编在鲁迅单元的就是小说《故乡》的节选——《少年闰土》。虽说是节选，但《少年闰土》从行文上看完全可以独立成篇。而且其表达方式的丰富多样，语言文字的真切婉转，篇章结构的精巧优美，都是不可多得的；更何况还浸润着作者对童年生活、童年玩伴的无限怀念。这些都是和我们学生的语言世界、精神世界可以对接的有价值的语文内容。

从字词上看，本文的最大特点是许多词汇带有古白话意味。我们知道，鲁迅先生虽然大力倡导白话文，但是他毕竟是从文言的语境中浸润出来的，他的语言表达终究是无法一下子转变为纯粹简约的白话文的。就看这篇文章，比如："其间""家景""值年""仿佛""愿心""熟识""无端""如许"。用法不一样的字比如：项"带"、"希"奇。这些正是这篇文章在字词上最重要的教学内容。我们不仅要让学生能读，而且要以此为例扎扎实实训练他们能运用"联系上下文、用现代词汇代替、找近义词"等方式理解这些词汇的意思，得意且得法，那么今后学生要读懂这一时期其他作家的文章也就不成问题了。

进入文本，映入眼帘的首先是作者神异的想象："深蓝的天空中挂着一轮金黄的圆月，下面是海边的沙地，都种着一望无际的碧绿的西瓜。其间有一个十一二岁的少年，项带银圈，手捏一柄钢叉，向一匹猹尽力地刺去。那猹却将身一扭，反从他的胯下逃走了。"我相信任何一位读过《少年闰土》的人都会被这一幕所震撼，并且留下深深的烙印，甚至在多年之后依然能朗朗诵读。究竟这语言的魔力何在？且看"深蓝的天空、金黄的圆月、碧绿的西瓜"，这些密集的色彩融汇在整个画面之中，柔和中透着亮丽，明净中透着鲜艳，给人以强烈的视觉冲击。而"天空、海边的沙地、一望无际"所编织出的是一种空间的旷远辽阔、浩渺无边，如此使整个场景透着一种神秘的静谧，也显得更加美轮美奂。再看这个"挂"字，为什么不是"悬"，是因为用"挂"使月亮显得距离更近、更硕大、更可亲。再者，前边"深蓝的天空中"声调皆为阴平、阳平，这里再用"悬"则整个句子将飘摇浮动，用"挂"以去声一锤定音，句子显得更为稳定。当然作者写的时候完全是语感和审美在起作用，并不一定有这样的推敲。再看少年刺猹，以"其间"开头，语言短促，节奏分明，动感十足，与前面的静谧画面形成了鲜明对比。整句话读来如清泉喷涌、飞珠溅玉，少年的英武不凡和猹的狡猾生猛呼之欲出，而且就其语势、用词来看，直如评书中的人物“开脸”般酣畅淋漓。句子以“其间”将画面打开，“银圈、钢叉、尽力地刺去、将身一扭、胯下逃走”充满了金属破空之声，使不到50字的句子营造出别样的惊险刺激。我想，这正是使我们印象深刻的又一个原因。整个画面，动静之间，意蕴无穷；而空间的舒缓悠远与刺猹的短促激越又再次构建出超乎寻常的文本张力，最终和谐地编织在一起，达成了一种美的极致。我们可以想象，如果是“深蓝的天空中挂着一弯新月”行不行？还具有那种圆融丰满、宏阔静谧吗？再有，闰土向一匹猹尽力地刺去，为了凸显他的英武，写成“那猹一声哀鸣，鲜血四溅，倒毙在少年脚下”行不行？当然不行，多血腥啊！整个画面都被破坏了。

然而我们不禁要问：事实上真是这样的景象吗？显然不是。这只能是一种艺术化了的真实。它经过了作者记忆的筛选、情感的过滤和审美的修补，是作者独特的心理感受和审美情趣酝酿发酵的结果。我们知道，这个画面是作者三十年后回到故乡，母亲说闰土要来的时候产生的。世事多舛，鲁迅先生自己因为担负着天下，所以几十年来很是挫折，但是想到童年的玩伴闰土，他是怀着非常热烈的向往的，因为闰土给他留下了十分美好的印象，甚至直到三十年后他对当时两人之间的交往也充满着温暖的记忆，如此情感使然，才有这样神异美丽的场景，这正应了所谓的“一切景语皆情语”。

走进鲁迅与闰土的相识，扑面而来的是闰土的样貌：“他正在厨房里，紫色的圆脸，头戴一顶小毡帽，颈上套一个明晃晃的银项圈。”一句散淡的勾勒。我在细读的过程中，对这处外貌描写一直难以释怀，因为怎么揣摩都觉得平平无奇，可是读来那个憨厚淳朴的形象却活灵活现。后来通过还原的方法才发现鲁迅先生写法的精妙。你想，假使我们去描写一个人的肖像，我们可能想当然地抓眼睛、头发之类。可鲁迅先生写的时候“紫色的圆脸、小毡帽、明晃晃的银项圈”就完了，仔细想来这样写才顺理成章。因为乍见闰土，瞬间烙印在脑海里的，也应该就是这三个最具特点、冲击力最大的印象。这正是他以及往常的朋友们——那些城里少爷所没有的。我们不妨逐个琢磨。首先，“紫色的圆脸”，这正是闰土作为海边农家少年最大的特点。你想，长期受着日晒、海风吹拂，自然成紫色了，这是大大有别于像鲁迅这样的城里少爷那种白净面皮的。“头戴一顶小毡帽”，活脱脱展现出绍兴农村的地域特点，绍兴人的毡帽就跟藏族人的氆氇、新疆人的瓜皮小帽一样是极具地域特色的，只不过它限于平民阶层、穷苦百姓，是“短衣帮、乡下人”的打扮，而像鲁迅这样的城里少爷是不戴毡帽的，一个小乡下人戴着一顶小毡帽，自然也让作者感觉新奇。“颈上套一个明晃晃的银项圈”，这是一个经典的儿童饰品，所有戴着明晃晃银项圈的孩子都透着一股子机灵劲儿。至此，虽然作者没有细细描画，但我们脑中却为这张圆脸安上了憨厚的鼻子、调皮明亮的眼睛，真正是呼之欲出。当然把作者写法上的这处亮点怎样传递给学生是煞费脑筋的，因为学生是没有这样的主动去还原比较的自觉的，而且这太抽象。要想感性直观地让学生发现这处外貌描写的精妙，我以为可以尝试把丰子恺先生的画作拿来进行类比。丰子恺先生的漫画很大一部分都是没有五官的，但就是很传神，其秘诀也是抓住人物外貌上最大的特点。如此两种艺术形式一类比，学生自然能有所发现和领悟。当然，我们说抓住人物最大的特点，不是说不要写五官，如果一个人五官中有明显的特点，有异于常人之处，那也应该抓住这个特点来写。

在鲁迅和闰土的相处中，闰土为他讲述了许许多多新鲜有趣的事，印象深刻的有四件，都说得绘声绘色。其中有两件事特别具有境感：“下了雪，我扫出一块空地来，用短棒支起一个大竹匾，撒下秕谷，看鸟雀来吃时，我远远地将缚在棒上的绳子只一拉，那鸟雀就罩在竹匾下了。”“月亮地下，你听，啦啦地响了，猹在咬瓜了。你便捏了胡叉，轻轻地走去……走到了，看见猹了，你便刺。这畜生很伶俐，倒向你奔来，反从胯下窜了。”原因就在于作者用一连串极富动感的短句营造出了强烈的在场感，让人如临其境、如行其事、如闻其声、如见其形，甚至可以看见闰土捕鸟时因为全神贯注而睁得大大的眼睛，听见月下刺猹时因为紧张而呼哧呼哧的喘息声。四件事叙述下来，前后粘连、拿捏有度、详略分明。独白、对话、叙述、抒情共同推进着情节，而且事件与事件之间的过渡真切自然，不露痕迹，这真可以说得上是炉火纯青。这种叙述手法，有可能的话，我觉得还是要让六年级的孩子有所感知。而通过这样的叙述，我们面前的闰土正变得越来越清晰，越来越可触可感，他的样貌神情，他的日常生活一幕一幕浮现在我们面前，与前边的英武不凡、憨厚淳朴不同，在这里，我们看见的是一位见多识广、聪明能干的海边少年。

细读文本，这一部分有一个标点密集呈现，那就是省略号。全文只在这里集中出现了四个省略号：①“什么都有：稻鸡，角鸡，鹁鸪，蓝背……”②“你便捏了胡叉，轻轻地走去……”③“它的皮毛是油一般的滑……”④“许多跳鱼儿只是跳，都有青蛙似的两个脚……”这四个省略号就作者的表达来讲，那是自觉克制、止于当止，显得俭省而不铺陈；但对于我们读者来说，却是文本的适度留白，带来了无穷的想象空间。细读之下，这四个省略号像四根毛茸茸的羽毛撩拨着我们的心，使我们不由自主地唤醒了自己沉睡中的关于乡村生活的记忆和想象，并以此不断丰富和补充着文本。也因此，更加引起我们读者对于闰土的敬佩和羡慕，因为这些令我们感到新鲜稀奇的事在闰土的世界里都是最为平常、唾手可得的。于是，对雪地捕鸟、海边拾贝、看瓜刺猹、看跳鱼儿等这些乡村生活的向往，对闰土无所不知的羡慕……种种情绪油然而生，而且随着叙述的深入越来越强烈，相应的语言喷涌其间：①“我那时并不知道这所谓猹的是怎么一件东西——便是现在也没有知道。”②“我素不知道天下有这许多新鲜事。”③“闰土的心里有无穷无尽的希奇的事，都是我往常的朋友所不知道的。”你看，一连串的不知道、不知道还是不知道。“并不知道”“没有知道”“素不知道”“所不知道”，如此不惜笔墨的复沓，编织出作者当时面对着闰土的滔滔不绝、侃侃而谈所产生的巨大的失落和沉重的无奈。他不满枯燥乏味的少爷生活，他感慨自己没有像闰土那样自由自在、充满冒险刺激的经历，他多么向往拥有那些美好的、天高地阔的乡村生活。如此，那两段发自肺腑的感慨顺势而出，一发不可收拾：“我素不知道天下有这许多新鲜事：海边有如许五色的贝壳；西瓜有这样危险的经历，我先前单知道它在水果店里出卖罢了。……啊！闰土的心里有无穷无尽的希奇的事，都是我往常的朋友所不知道的。他们不知道一些事，闰土在海边时，他们都和我一样，只看见院子里高墙上的四角的天空。”“只看见院子里高墙上的四角的天空”充满了几多无奈、几多感慨啊！作者就是善于用形象的、精准的语言表达自己的独特感受。可以试想，如果写成“他们都和我一样，是井底之蛙”行吗？句子意思并没有变，但感觉却大相径庭，概念化的成语唤不醒我们的感受，那种无奈、感慨、不满全被消释了，只剩下一个干瘪的理解。如果我们没有能够揭示作者语言上的这些秘密，就无法在这里让学生从理解走向感受，更无法让学生真正体味到作者当时丰富的心绪。

就整个文章的篇章布局来讲，文章从回忆进入，由相识写到相处，最后写到离别，详略得当，一气呵成。其中“相处”写得最为详细，毕竟这是最具体、印象最深刻的。而且没有相处的快乐和融洽，就不会有离别的悲伤和思念，更不会有三十年后美好的回忆。这种典型的、如何谋篇布局写一个人的意识也是我们六年级教学需要渗透的。

三、活化语用，妙趣横生

——《杨氏之子》教学实录与名师点评

教学实录

（一）活读破题，感受文言趣味

师：中国有句古话，叫“温故而知新”。在学习今天的古文之前，咱们先来背背刚刚学过的古诗。（课件逐一出示诗题《牧童》《舟过安仁》《清平乐·村居》）

（生逐首背诵）

师：你们看，这里既有“不脱蓑衣卧月明”的牧童，也有“怪生无雨都张伞，不是遮头是使风”的两小童，还有那个亡赖地在溪头卧剥莲蓬的小儿，相信无论哪一位都特别让你羡慕和感叹。今天我们还要来认识一个小孩儿，一起读课题。

（出示课题）

生：杨氏之子。

师：谁家的小孩儿？

生：杨家的小孩。

师：所以，“杨氏”的意思就是——

生：杨家。

师：“氏”就是家族、姓氏的意思。那么“之”是——

生：的。

师：所以课题中的“之”要读得轻快一些——一起读。

生（颇有节奏）：杨氏之子。

师：杨氏之子就是姓杨人家的儿子、请问你姓什么？

生（女）：我姓陆。

师：你就是——

生：陆氏之子。

师：嗯？（疑问状）你还没有搞清自己的性别？

生：（脸红，脱口而出）陆氏之女。

师：（走至一男生身边）贵姓？

生：姓蓝。

师：你就是——

生：蓝氏之子。

师：自己的姓氏还可以用作自己的称呼。比如，刚才这位同学，（走至陆姓女生身边）你是陆氏之女，你的父亲就是——

生：陆氏。（一片笑声）

师：（走至另一女生身边）你贵姓——

生：姓李。

师：你就是——

生：李氏之女。

师：你父亲就是——

生：李氏。

生：（自告奋勇举手）我姓胡，我是胡氏之女，我父亲是胡氏。

师：真好！一点就通。

【点评：好一个温故知新！教师对三首古诗词的复习，使一个个鲜活的小童形象再次呈现在学生的面前，不但重温了旧课，也将学生的兴趣点引入对本课的学习中来。这样的复习导入，体现了教师对教材的高度把握和对学生学习心理的深切体悟。】

（二）初读感知，渗透文言学法

师：这个故事不难懂。请同学们按照自己的节奏和感觉大声地朗读课文，至少读三遍。

（生读课文）

师：好，谁能一口气把这篇古文读下来。

（生认真朗读）

师：嗯，字正腔圆，语感真好！有谁还能像她这样读？

（生声音洪亮地朗读，颇有节奏）

师：哟，你看，读得多潇洒！谁还能这样读？

（学生朗读）

师：真好！字字清晰、句句响亮。他刚才读时有一句话有点难，“孔指以示儿曰”，你知道是什么意思吗？

生：孔君平指着杨梅给杨氏之子看。

师：你是怎么知道的？

生：课文下面有注释，我看着注释就明白了。

师：借助课文注释是学习古文的好方法。有注释的弄明白了，可那些没注释的呢？你又是怎么读懂的？

生：我想“孔”肯定是孔君平，“指”当然是指着，根据课文还有插图，这里当然是指着杨梅。所以就读懂了。

师：是啊，你看，他真会读书。除了借助注释，我们还可以联系上下文和插图来读懂古文。了不起！这样，你们都读得不错，接下来老师想请大家推荐一位班里朗读古文最困难的同学。

生：方岳琪。

师：（走向方岳琪）岳琪，不要慌。今天要好好把它读下来，证明你的能力。读不好也是正常的，毕竟今天才刚学，老师会慢慢教你。

（岳琪读得很努力，基本流利，多音字“为”“应”没能读准）

师：今天方岳琪读得怎么样？

（生齐说好）

师：好在哪里？

生：方岳琪今天读得很流畅。

师：流畅，读一篇古文，就是要流畅，这是第一个好。

生：她读得比以前响亮。

师：方岳琪，这是第二个好。读古文就得响亮、铿锵。

生：她读得比以前有味道。

师：读古文就要读得有感觉、有味道。这感觉、这味道其实就是古文的——

生：节奏。

生：韵味。

师：你们真厉害，古文就得读得响亮流畅，有节奏、有韵味。

生：她现在愿意读了，以前不太愿意读。

师：方岳琪请站起来，请你接受大家的掌声。但是我们不能骄傲，有两个小问题要给你提出来纠正。

生：这里应该是“为（wèi）设果”，“儿应声答曰”要读“应”（yìng）。

师：为什么不是“应该”的“应”（yīng），而是“应”（yìng）？

生：因为他是听了别人讲了以后再回答的。

师：回答时速度怎么样？

生：很快。

师：所以叫——

生：应声答曰。

师：咱们一起来读，《杨氏之子》——预备起。

（学生齐读课文）

【点评：教师首先给予学生自主学习的空间，在学生出现差错时再因势利导，而在“导”的过程中，又充分激发学生内在的学习潜能，极尽启发、诱导与激励，这样的教学行为源于教师“先学后教，以学定教”的生本理念，是真正的教育。】

（三）再读明意，提炼文言特点

师：读了这么多遍课文，杨氏之子给你留下了什么印象？

生：非常聪明。

生：反应非常快。

师：你们俩不约而同地说到一个词“非常”，就是课文中的一个字。

生：“甚”！

师：你也是“甚聪惠”啊。

生：聪明伶俐。

师：聪明、聪明还是聪明，这一而再，再而三，三而四的聪明，都指向课文当中的一句话—— 一起说。

生：“梁国杨氏子九岁，甚聪惠。”

师：这一而再，再而三，三而四的聪明都指向这句话中的一个词——

生：“聪惠”。

师：这个“惠”就相当于我们现在——

生：智慧的慧。

师：古文当中就有这样一些可以互为通用的字。除了聪明，这句话还告诉我们哪些信息？

生：他是梁国的。

师：国籍。

生：他姓杨。

师：姓氏。

生：他九岁了。

师：好！国籍、年龄、姓氏，就这么短短十个字，说得一清二楚。用我们现在的话，该怎么介绍杨氏之子？谁来？

生：古代梁国有一个姓杨人家的儿子，九岁了，非常聪明。

师：而古文怎么说？

生：“梁国杨氏子九岁，甚聪惠。”

师：你觉得古文和现代文有什么不一样？

生：语言更简洁。

生：很精练。

师：你们真了不起。古文最大的特点就是简洁精练。（板书：简洁精练）你看，能用十个字说明白的绝不用十一个字——读。

生：“梁国杨氏子九岁，甚聪惠。”

师：一句话把人家的国籍、姓氏、年龄、特点写得一清二楚。下面，难题来了，既然古文那么简洁精练，我们也要学以致用。请你用课文介绍杨氏之子的方法来介绍一下你的同桌。先同桌互相练习，看看说得对不对。

（生面面相觑，小声试说后踊跃举手）

师：下面我请几位同学来介绍一下自己的同桌，其他同学听好了，会讲还要会听。

生：中国单氏子十三岁，甚聪惠。

师：（指其同桌）说你跟杨氏子一样聪惠。

生：中国胡氏之女十三岁，甚聪惠。

师：还可以省略一个字。古文中“之”的意思是“的”，可以省略。再说一说。

生：中国胡氏女十三岁，甚聪惠。

师：我发现咱们班全是聪明人。（众笑）有没有说说其他特点的？

生：中国钱氏女十一岁，甚勤奋。

生：华夏罗氏女生年十有三载，甚努力。

师：（和生握手）贵姓？

生：姓殷。

师：中国殷氏子，甚聪惠。他聪惠在哪里？

生：他用了华夏这个词，代替了中国。

师：显得有文化。不止如此。

生：他用生年十有三载代替十三岁。

师：生年十有三载就是——

生：十三岁。

师：这就叫活学活用——一起回头再读第一句。

生（齐读）：“梁国杨氏子九岁，甚聪惠。”

师：接下来的一件事就具体讲述了杨氏子的聪慧。我们一读就知道故事发生在杨氏子和谁之间？

生：孔君平。

师：是的，把握了这两个人物也就了解了文章的大意。课文中，孔君平和杨氏子不止一种称呼。请你再快速地默读，联系上下文看看称呼杨氏子的还有哪些词？

生：“儿”。

师：没错。“呼儿出”的“儿”就是杨氏子。

生：“此是君家果”的“君”。

师：还有吗？最后这个确实比较难找，在课文的第二句。

生：“其”。

师：读出这个句子。

生：“孔君平诣其父，父不在，乃呼儿出。”

师：听见没有，诣其父，谁的父？

生：杨氏子。

师：你看，杨氏之子不仅可以叫杨氏子，还可以叫其、儿、君。那孔君平呢？

生：“夫子”。

师：一般的人能叫他夫子吗？夫子是对什么样的人的称呼？

生：老学者。

师：不老也行，只要是有学问的人都可以称为——

生：夫子。

师：这是一种尊称。有叫夫子的，还有叫他什么的？

生：“孔”。

师：发现没有？原来古文当中，人的名字不仅可以用来作称呼，他的姓——“孔”“杨氏子”也可以用来作称呼，或者用“夫子”“君”，或者直接说“儿”。从这里大家又发现古文称呼上的什么特点？

生：称呼种类很多。

生：一篇文章里会用多个称呼，可以避免重复。

师：没错，古代人的称呼很多、很丰富。（板书：称呼丰富）姓可以用作称呼，名可以用作称呼，尊称可以用作称呼，甚至字、号、官职都可以用作称呼，有时候还可以用“其”“君”“儿”来代替。有意思吧？好！接着往下读，谁读懂了这句话？（出示：为设果，果有杨梅。）

生：杨氏子端来了一盘水果，水果里有杨梅。

师：不完整。杨氏子为谁端来水果。

生：杨氏子为孔君平端来水果，水果里有杨梅。

师：这样看来，课文中的句子好像还不够完整。为设果——我们应该怎么补充？

生：杨氏子为孔君平设果。

师：也可以说成是——

生：儿为孔设果。

师：还可以说是——

生：儿为夫子设果。

生：其为夫子设果。

师：发现了什么？

生：某人为某人做一件事的时候，某人可以省去。

师：古文当中依托前后文，有些时候可以省略某些语言。（板书：语言省略）

师：请看这一句，省略了什么？（出示：孔指以示儿曰。）

生：省略了“杨梅”。

师：那么完整的应该怎么说？

生：孔指杨梅以示儿曰：“此是君家果。”

师：老师不得不夸你，甚聪惠！最后一句“儿应声答曰”什么意思？

生：我没有听说过孔雀是你家的家禽。

师：你家的家禽，是这样吗？我们现在说的"家禽"指的是什么？

生：家里养的鸡、鸭、鹅。

师：孔雀是家禽吗？

生：不是。不能叫家禽。应该是家里养的鸟。

师：所以你看，这里的"家禽"不是一个意思。家是家，禽是禽。这里的"家禽"是指家里养的鸟。从这里我们也发现，古文当中，有时候一个字代表的不是一个字，而是一个——

生：词。

师：没错，这是古文的又一个特点，（板书：独字成词）一个字可以表示一个词的意思。顺着我们对《杨氏之子》一字一句的理解，我们发现了古文的特点，那就是——

生：简洁精练、称呼丰富、语言省略、独字成词。

师：带着这样的体会，我们再来读《杨氏之子》。

（生齐读全文）

【点评："你也是'甚聪惠'啊！""请你用课文介绍杨氏之子的方法来介绍一下你的同桌。"……这些教学语言以及教学环节的设计，彰显了教师强烈的语用意识，学生在这样的语言实践中，不断学以致用，对课文的理解也更加深入。】

（四）品读对话，体味言语秘妙

师：课文哪句话最能体现杨氏之子甚聪惠？

生："未闻孔雀是夫子家禽。"

师：聪明在哪儿？用自己的话说。

生：他有了应该有的礼貌。

师：何以见得？

生：因为他没有说孔雀是夫子家禽，而是说我可没有听说过孔雀是您家养的鸟。

师：句子前面加上"未闻"两个字显得比较委婉。本来应该是这样的：现在我是孔君平，（走至一生身旁）你是杨氏子，开始——此是君家果。

生：孔雀是夫子家禽。

师：有点儿呛人。加上"未闻"语言就显得委婉了。——此是君家果。

生：未闻孔雀是夫子家禽。（"未闻"后作停顿）

师：这样一来，听的人就觉得——

生：舒服了。

师：对，说话委婉才会让人舒服。由此可见，这杨氏子还是很有——

生：很有礼貌。

生：很有教养。

师：所以说他甚聪惠。

生：短短一回话，绵里藏针。

师：哦？绵在何处？针在何处？

生：绵在"未闻"。针在"孔雀是夫子家禽"。

师：有个成语叫针锋——

生：相对。

师：请问对在哪里？

生："此是君家果"对"孔雀是夫子家禽"。

师：不够对仗。说得更明白点。什么是君家果？

生："杨梅是君家果"对"孔雀是夫子家禽"。

师：还可以怎么说，更准确？谁来？

生："杨梅是杨家果"对"孔雀是孔家禽"。

师：对了。（眼睛一亮）嗨！杨梅，那不是你们家的果子吗？（指还在站着的孩子）他怎么说的？

生：夫子，没听说孔雀是你们家的鸟啊。

师：从刚才老师的表情，练习着前后文，可以知道孔君平跟孩子说这个话，是在跟这个孩子干吗？

生：开玩笑，逗趣。

师：何以见得？知其然还得知其所以然。

生：因为前面说了："父不在，乃呼儿出。"说明孔君平跟杨氏子很熟了。

师：真厉害。连故事背后的都读懂了。孔君平逗趣杨梅是杨家的果子源于什么？

生：因为杨梅有杨字。

师：那到底是不是杨家生的？

生：不是。

师：所以这叫——

生：逗趣。

师：那孔雀是不是孔家生的？

生：不是。

师：这才真叫"绵里藏针、针锋相对"呢。不过绵里藏针容易伤到人，这不是杨氏之子的风格。可以改成——

生：以其人之道还治其人之身。

师：你们呀，真是甚聪惠。这就是杨氏之子的独到之处。所以我们不得不像作者那样称赞："梁国杨氏子九岁——

生：甚聪惠。"

师：相信孔君平面对如此有礼有节的回答，也必定会拍案叫绝："梁国杨氏子九岁——

生：甚聪惠。"

师：我们读到这里，也不得不赞叹："梁国杨氏子九岁——

生：甚聪惠。"

师：现在出现的是孔夫子，那么如果来一位黄夫子，或者来一位柳夫子，那该怎么办？甚聪惠的人在哪里？此是君家果——

生：未闻柳树是夫子家树。

师：甚聪惠。我现在是黄夫子，此是君家果——

生：未闻黄豆是夫子家豆。

生：未闻黄鹂是夫子家禽。

师：还有没有其他说法？

生：未闻黄牛是夫子家畜。

生：未闻圣明天子是夫子家亲。

师：有文化就是能语不惊人死不休哦，请问何为圣明天子？

生：黄帝。

师：黄帝可不姓黄。但你能这样活学活用。我还是得赞叹你一声：甚聪惠！

【点评：教师有意创设对话情境，通过多次“师生互动”，既让学生体会到杨氏之子“甚聪惠”，同时，也训练了学生的思维，将杨氏子的智慧活学活用，极大激发了学生的学习兴趣。】

（五）熟读成诵，推荐《世说新语》

师：尔等如此聪惠，倒要讨教讨教。谁来读？（出示全文）

（生读全文）

师：厉害！字正腔圆，韵味十足。为我们呈现了一个俏皮可爱的杨氏子。我们知道杨氏子和孔君平有许多称呼，现在老师把这些称呼全拿掉，谁来读？

梁国（　　）九岁，甚聪惠。（　　）诣（　　）父，父不在，乃呼（　　）出。为设果，果有杨梅。（　　）指以示（　　）曰：“此是（　　）家果。”（　　）应声答曰：“未闻孔雀是（　　）家禽。”

（一男生流利读全文）

师：甚聪惠！而且你这一读就像让我们看到了故事中两个人物之间相互逗趣的情状。增加难度，现在老师把故事的起因、经过、结果也省略了，谁还能读？

梁国杨氏子九岁，甚聪惠。（　　），父不在，（　　）。为设果，（　　）。孔指以示儿曰：“（　　）。”儿应声答曰：“（　　）。”

（一女生读全文，绘声绘色）

师：事情的起因、经过、结果一五一十都说出来了。我们一起来讲讲这个故事，不能讲的就看着课文读。（课件隐去全文）

（生全体齐声背诵）

师：尔等真可谓是甚聪惠啊！与杨氏子相较，是有过之而无不及啊！知道这个故事出自哪本书吗？

生：《世说新语》。

师：这本书可不简单哪。请看大屏幕，这是它不同时期版本的一些封面，这是宋朝时候的版本，这是明朝和清朝时候的版本，这是外文版本。去百度一下就会知道它不同时期的版本不下百种，由此你发现什么？

生：这本书非常好看！不同时期都有人在看，经久不衰。

师：没错，经久不衰，常读常新。的确，像《杨氏之子》这样有趣的小故事，这本书里总共得有两千多个，比如《咏絮之才》《道旁苦李》等等，我们有机会都可以找来读一读。下课。

（实录整理：河南省驻马店市第二实验小学赵书娜）

【点评：本环节教师通过游戏式的课堂活动，将全课知识点进行了总结归纳，对学生的学习情况进行了课堂检测，使学习目标落到实处。教师的行为貌似不经意，却是处处见匠心，处处渗透着教师的教育智慧。】

名师点评

罗才军老师执教的《杨氏之子》简约中可见精致，自主中巧设引导，自然中饱含底蕴，务实中彰显大气。

说其简约，是因为“活读破题”“初读感知”“再读明意”“品读对话”“熟读成诵”这些教学环节并没有什么特别之处，学生却通过他的教学处处享受精致的教育。比如“活读破题”时三首古诗词的整合，比如“再读明意”时活学活用的语言实践，比如“熟读成诵”

时从“读”到“填”到“背”的一气呵成，学生学得轻松，学得有趣。

说其自主，是因为教学中学生不断在自读自悟中获得新知，却丝毫不见教师“教”的痕迹。学生在与教师、同伴一次又一次的对话、互动中，被教师“拐骗”到阅读的高处去，而自己却还浑然不知，并且乐在其中。

说其自然，是因为罗老师的课没有让学生望而生畏的大段独白，没有阳春白雪似的高屋建瓴，更没有匪夷所思的课堂提问。他用儿童可以听得懂的语言，儿童说话时的语气，儿童喜闻乐见的思维方式放低身段、深入浅出，让学生绽放精彩，语不惊人死不休。在这自然的背后，是一个语文教师全部的底蕴与素养。

说其务实，是因为罗老师的课始终围绕学生学习的目标层层推进，始终将语文学以致用，始终关注学生的进步与成长，体现了语文教学的真正价值。从一篇好文章到一本好书，罗老师对《世说新语》的别样推介，使得他的语文课不仅脚踏实地，更指向广阔的阅读世界，实属大气大为。

我欣赏这样的语文课，大道至简，至真至善至美。

（全国名师、北京市东城区教育研修学院　吴琳）

四、领略伟大的善良

——《穷人》文本解读

《穷人》是人教版六年级上册第三组的开篇课文，本组中还有《别饿坏了那匹马》《唯一的听众》《用心灵去倾听》三篇文章，共同讲述“人间真情”。从选文来看，我们可以发现编者刻意编选朴素真切、落点细微却往往影响人物一生的故事，而且真情的流动多在素不相识的人物之间，注重的是真情在提振人、推动人、鼓舞人、温暖人上的巨大能量，而非一般意义上的母慈子孝、生离死别。从这一点上说，本组课文的学习能给予学生更宽广的对“人间真情”的理解与感悟，也能锻炼他们发现自己生活中的“人间真情”的能力。

作为本组开篇的《穷人》是短篇小说的经典之作，作者列夫·托尔斯泰乃世界小说巨匠，特别擅长刻画社会人世情感的真相和人物心理的描写。这种风格特色在《穷人》中展现得淋漓尽致。在这篇课文的教学中，我们会发现作者的每一处营构和安排都是独具匠心、颇有意趣的。当然，弱水三千取一瓢饮，笔者以为《穷人》的教学，核心还在于关注其作为小说的文体特征，紧紧眷注其典型环境的描写、人物形象的刻画和情节推进的技巧。

（一）典型环境的描写

相信教过这一课的老师都对开篇的环境描写印象深刻。作者不惜笔墨，铺陈细节，就是为故事情节的发展和人物形象的刻画蓄势。且看作者在遣词用句中的匠心：首先，屋外的寒风呼啸、汹涌澎湃与屋内的温暖舒适形成鲜明的对比。其次，描写屋外的黑冷汹涌是写意的方式，饱蘸笔墨，一挥而就；而描写屋内的温暖舒适却是工笔细描，地面、炉子、食具、床、孩子娓娓道来，凸显出屋子的主人桑娜的勤快与贤惠。再次，对应着“寒风呼啸、汹涌澎湃”的是“干干净净、火没有熄、闪闪发亮、白色帐子、安静睡着”，衬托出渔家小屋的温暖、宁静与祥和，如此将屋外的一切残酷都隔绝了。试想，在这样恶劣环境下还能把这个破旧的小屋收拾得如此温暖妥帖，渔夫和桑娜该是多么热爱生活、善解人意的人啊。

当然，课文中典型环境的描写不止此处。且看：“孩子们没有鞋穿，不论冬夏都光着脚跑来跑去；吃的是黑面包，菜只有鱼。”如果说开篇是自然环境的描写，此处则是生活（社会）环境的描写。只此一处，渔夫一家生活的窘困一目了然。小屋是在澎湃的大海边，仿佛就是一叶扁舟，随时可能被大海吞噬。而吃与穿的描写作者虽都是点到为止，“没有鞋穿”“菜只有鱼”，却让我们窥一斑而知全豹，感受到渔夫一家的极其穷困。我们可以想象在那样寒冷的海边，冬天却也只能光着脚，每天的菜只有自己打来的鱼，这已然到了穷困的极致了。读到这里，我们感觉渔夫一家正像在峰谷浪尖中出没的小船，随时有可能完全倾覆。

文章另一处环境描写在第七自然段：“屋子里没有生炉子，又潮湿又阴冷。……首先投入眼帘的是对着门的一张床，床上仰面躺着她的女邻居。她一动不动。”在这处描写中，作者依然保持着克制。“没有生炉子”暗示着生命的消逝。“又潮湿又阴冷”仿佛让人看到死亡的阴影笼罩着这个穷苦的家，也正在蚕食着家中的每一个生命。“对着门的床”可以想见屋内的逼仄和凌乱。这处描写与开头桑娜家的陈设描写也形成了前后的照应，可以想象，看到这一切的桑娜自然会有兔死狐悲的揪心：邻居西蒙的悲惨离世，大概会成为所有穷人的命运结局。

三处环境描写，无论自然环境还是生活环境，都已经到了崩溃的边缘，到了穷苦的极限，这一切都在为接下来情节的展开充分蓄势，如同使劲拉开一张沉重的弓。作者是充满怜悯和忧伤地叙述着这一切的，通篇来看，不着一个“穷”字，却使我们在阅读这些典型环境描写时，真真切切地体验到穷困，感受到穷人的命运就像狂风中的芦苇、风口浪尖的破船，随时有可能被折断和吞没。

（二）情节推进的技巧

就本篇的情节来看，作者展现出高超的技巧，一切看似自然流转却又跌宕起伏。仔细阅读，我们可以发现一些情节推进的“痕迹”。比如：

①古老的钟发哑地敲了十下，十一下……始终不见丈夫回来。

②海面上什么也看不见。风掀起她的围巾，卷着被刮断的什么东西敲打着邻居小屋的门。

③“喂，西蒙！”桑娜喊了一声，心想，莫不是出什么事了？

④门吱嘎一声，仿佛有人进来了。……门突然开了，一股清新的海风冲进屋子。魁梧黧黑的渔夫拖着湿淋淋的被撕破了的鱼网，一边走进来一边说……

⑤两个人沉默了一阵。

这五句话在整篇小说中如同骨架，正是它们支撑起了小说起、承、转、合的结构。

“古老的钟发哑地敲”如同一声声叹息，捶打着已然为丈夫担心得心惊肉跳、坐立不安的桑娜，营造出沉重无奈的氛围。而“十下，十一下……”一方面写出了渔夫的勤劳艰辛，如此深夜，又起着风暴，冒着随时可能被大海吞噬的危险在外打渔，这个家庭生存的岌岌可危由此可见一斑。另一方面也折射出桑娜等待时的焦虑担忧，她正被这时间一点一点地熬煎。也因此，才有了她站起身、包着围巾、提着马灯走出门。

“风掀起她的围巾，卷着被刮断的什么东西敲打着邻居小屋的门。”此句真叫人叹为观止。就这样一个不经意的细节将两个情节非常精巧地承接起来，推动着故事的发展。接下来，作者通过桑娜内心看似随意的念白很自然地交代了西蒙一家的境况，然后又结合着“敲门”“一次又一次地敲门”“没有人答应”“仍旧没有人答应”层层酝酿着西蒙的悲惨遭遇。

最终，桑娜的一声喊叫“喂，西蒙！”将情节推向了沸点。以寒风呼啸、浊浪翻腾、胆战心惊为背景，这一声凄厉的喊叫，使整个故事像一根弦一样突然绷紧，使所有读者都把心提到了嗓子眼，全心关注着人物的命运。面对已经去世的西蒙，桑娜下意识地把两个熟睡的孩子抱回了家。等到回到家才回过神来，惊觉自己的荒唐。于是在担心丈夫能否回来的同时，又开始纠结如何跟丈夫解释自己的“荒唐”。此时的桑娜如同惊弓之鸟，草木皆兵，一次又一次地听到门吱嘎吱嘎的惨叫，感觉丈夫回来了。而透过这样的惊惶，我们感受到桑娜那真切得毫不掩饰的淳朴善良。

渔夫突然走进来了，“魁梧黧黑的渔夫拖着湿淋淋的被撕破了的鱼网”把故事再次推向高潮。如此境况的渔夫，当他知道妻子桑娜把邻居的孩子也带过来了，该会怎样恼怒和暴躁？自己在风口浪尖拼死拼活、苟延残喘，回到家，妻子却又带回两个这么大的累赘，这样的妻子到底在想些什么？叫他如何能够忍受？

“两个人沉默了一阵”是作者又一高明的地方。这个沉默里有渔夫的惊魂初定，懊恼内疚没能打到鱼，没能为妻子和孩子带来食物；也有桑娜难以启齿、愧对丈夫，没能体谅丈夫的艰难，自作主张带回那么大的负担。正是这一阵沉默之后，故事出现了出人意料的转机，桑娜的陈述和沉默勾起了渔夫的同情和善良，决定一起熬过去。

仔细分析本篇情节，会惊喜地发现有如下特征：

自然真切。所有的情节推进都显得毫不经意，顺理成章。我们甚至都感觉不到情节在推进，只是被吸引着，情不自禁地关注着人物的命运，触摸着人物的内心世界。

先声夺人。情节推进的整个过程都是或大或小的声音在回响。“古老的钟发哑地敲”“风掀起围巾，卷着被刮断的什么东西敲打着邻居小屋的门”“喊了一声”“吱嘎一声”“门突然开了”“沉默了一阵”，正是这些声音，从沉闷到喧嚣再到宁静，酝酿和暗示着故事的氛围，为情节的起伏跌宕推波助澜。

悬念和突降。这是《穷人》在情节设置上最大的特点。环境的描写乃至桑娜内心的念白都展现出她是一个淳朴善良、体恤丈夫、善解人意的渔家主妇，所以才会有不假思索将西蒙的孩子抱回家的举动。然而，这样的举动对于这个极度贫困的渔家来说显然是过于冲动了，那不仅仅意味着多养两个孩子，而是对这个濒临崩溃的家庭生存的极大考验。作者将悬念集中在渔夫身上，通过桑娜的内心独白，辅以“忐忑不安、揍我一顿也好、一惊、不敢抬起眼睛看他”以及自然环境的恶劣、生活环境的穷困、五个孩子的嗷嗷待哺等的描写，层层蓄势，营造极大的悬念，使所有读者的心都被揪起来了。语意和语势所指向的是渔夫的大发雷霆、怒声抱怨甚至毫不留情、毅然舍弃这两个孩子。然而作者却在“两个人沉默了一阵”之后，峰回路转，以“我们，我们总能熬过去的！”相互安慰，温暖收尾，将短篇小说“合乎情理，出乎意料”的特点展现得淋漓尽致。

（三）人物形象的刻画

与很多小说家不同，托尔斯泰刻画《穷人》中的渔夫和桑娜，极少用到直接的描写，文中既没有对两人外貌的详细描绘，也没有对两人性格的历史解读，而是通过故事的发展、人物心理的独白和演绎，让读者一步一步读见人物形象及其性格特征。

1. 心理折射人物形象

托尔斯泰是举世公认的心理描写大师，善于细致地描写心理在外界影响下的嬗变过程。本篇最主要的人物形象桑娜就是在作者细腻入微的心理描写中立体丰满起来的。小说中，作者娴熟地运用各种心理描写的方式，如内心独白、情绪直觉、心理剖析，辅之以环境、表情、语言、动作等多个维度，折射着人物形象。对于桑娜淳朴能干、善解人意和热爱生活的形象，我们能够从环境的描写、她不见丈夫的心惊肉跳和沉思担忧中了然于胸，而人物最核心的“伟大的善良”则是通过大量的心理剖析和独白直觉来展现的。我这里所说的“伟大的善良”，是区别于一般意义的善良的。真正伟大的善良是在自我生存尚且岌岌可危的时候，依然愿意帮助别人；真正伟大的善良是没有犹豫与思量地、下意识地甚至不顾一切地去同情和关爱别人；真正伟大的善良是明知无能为力，依然全力以赴。作者在构思之初就直指这种真正伟大的善良，所以将渔夫和桑娜逼到绝路——穷困之极，濒临生存的边缘。因为只有处于这样的典型环境中来考量，他们的举动才能展现这种伟大的善良。

且看文中最集中的一处心理剖析：“他会说什么呢？这是闹着玩的吗？自己的五个孩子已经够他受的了……是他来啦？……不，还没来！……为什么把他们抱过来啊？……他会揍我的！那也活该，我自作自受……嗯，揍我一顿也好！上帝，我为什么要这样做？……如今叫我怎么对他说呢？……”细读此处，桑娜内心的不安、纠结、矛盾、歉疚、后悔、坚持如同一头头小兽在啃食着她的心。那种心乱如麻、千头万绪的感觉就在作者一连串的短句和省略号中，正是这些短句和省略号使整个语言节奏变得明快，衬托着慌乱激动、不知所措的桑娜。再看语言，完全是下意识的流动，然而又与意识和谐地编织在一起。所以，这些内心的独白乍看之下显得凌乱而缺乏逻辑。但也正是这样的凌乱而缺乏逻辑，才更好地呈现出了桑娜当时的惊魂不定、忐忑不安。这里桑娜想到渔夫会因此愤怒地揍她一顿，而联系上下文，其实我们可以发现渔夫并不是一个粗暴蛮横、会大打出手的人。那么桑娜为什么会这样想呢？相信一方面是想凸显桑娜明白此事是何等荒唐，以至于让憨厚的渔夫也大发雷霆，甚至大打出手；另一方面，是为渔夫这个人物的刻画设置足够的悬念，也为文章结局的柳暗花明做好铺垫。

2. 对话凸显人物形象

在本篇中，对话的描写是颇具匠心的。渔夫的形象正是在对话中逐渐真实，逐渐清晰，逐渐立体的。当然在对话之前，作者设置了足够的悬念，所以当魁梧黧黑的渔夫拖着湿淋淋的被撕破了的渔网走进来的时候，场面已经趋于白热化。且看作者对话描写的精妙。

首先关注桑娜的话语。因为内心的忐忑惶恐，桑娜乍见渔夫回来，还没有回过神来，为了表现这一点，作者在前半部分的对话中，写到桑娜的话语几乎都是对渔夫的附和："哦，是你！是啊，是啊，天气坏透了！我？我嘛……缝缝补补……风吼得这么凶，真叫人害怕。我可替你担心呢！"其中的省略号表现的也是桑娜不知如何开口，思虑再三的过程。而渔夫的话语则集中表现其对打鱼艰辛的慨叹以及生活无奈的抱怨："这样的夜晚！真可怕！糟糕，真糟糕！什么也没有打到，还把网给撕破了。倒霉，倒霉！天气可真厉害！还谈得上什么打鱼！谢谢上帝，总算是活着回来啦。这天气真是活见鬼！可是有什么办法呢！"当然，抱怨之外也有对没能打到鱼回家的内疚，毕竟这一大家子全靠他来养活。

在两人一阵沉默之后，桑娜回过神来，迂回地试探着："咱们的邻居西蒙死了。唉！死得好惨哪！两个孩子都在她身边，睡着了。他们那么小……一个还不会说话，另一个刚会爬……"桑娜之所以没有直接述说，一来是看到丈夫这样回来，想到他的艰辛实在不忍直说，二来是她自己也没有信心收养这两个孩子，然而又不忍心，所以希望通过述说让丈夫也同情她们，最好由丈夫来做决定。渔夫的反应出乎意料："皱起眉，脸变得严肃、忧虑。'嗯，是个问题！'他搔搔后脑勺说，'嗯，你看怎么办？得把他们抱来，同死人呆在一起怎么行！哦！我们，我们总能熬过去的！快去！别等他们醒来。'"这里渔夫神态语言的描写，展现渔夫复杂的心路历程：两个孩子这么可怜，可自己家也没有能力再添两张嘴了，怎么办呢？让这两个孩子同死去的妈妈呆在一起肯定不行，可是抱来我们又怎么过呢？但是不抱来更不行，还是要抱来，我们两个大活人总能想办法，这一家子总能熬下去。这样的心路历程，作者寥寥数语，极尽曲折却又朴素自然，让人耸然动容。

3. 环境烘托人物形象

无论自然环境的速写还是生活环境的细描，其实都是为展现人物形象服务的。自然环境汹恶粗砺，随时吞噬生命，然而在这样的环境中勉强生存着的桑娜和渔夫却依然坚守着柔软、温暖的人心，这是何等的难能可贵。从渔家生活环境的描写中可以发现，尽管生存艰难，但桑娜依然将家里安置得井井有条、温暖舒适，孩子们安然入睡，他们该有多么地热爱生活，充满着希望和坚持。这一切正是他们最后能收养邻居西蒙的两个孩子的原动力，也是使这个小说最后结局能够在情理之中埋下的最重要的伏笔。

4. 情节丰满人物形象

如果没有情节的发展和推动，人物形象自然是干瘪扁平且格式化、标签化的。作者表现渔夫和桑娜伟大的善良却没有在文中提到一个有关善良的词，就像作者将小说取名为“穷人”却并没有在文中着一个“穷”字一样。作者是将所有的价值判断都留给了读者，而将自己想要表达的都融化在文本的语言和情节中，是故事情节的自然流泻让我们逐渐看清桑娜和渔夫的脸，逐渐感受到他们温暖善良的心，逐渐触摸到他们与生活争斗不息的筋骨。这种笔法在中国的文学鉴赏上可称得上“不着一字，尽得风流”。每一个情节的推进都使人物形象更加立体，更加生动，更加可知可感、可信可敬。值得一提的是，《穷人》情节的起承转合中所展现的物质上的贫穷，恰好与他们精神上的富足形成强烈的对比，而所处环境的岌岌可危、社会人心的逐渐沦丧则与他们温暖柔软、不顾一切的同情关爱构成磅礴的张力。

第二章
让灵魂在古诗中穿行

古诗，不仅担当着文化救赎的使命，更成为每个阅读过她的人生命中储存的最神奇的力量。无论面对浩瀚苍穹、长河落日的瑰丽自然，还是面对悲欢离合、无语凝噎的人世艰辛，我们似乎都可以在古诗中寻找到慰藉。在唇齿的吟哦流转中，在节奏的抑扬顿挫中，在意象的观照知见中，我们获得安顿，并学会与生命中的一切温柔地讲和。

一、古诗意象的探寻与发现

——以《古诗两首》为例

《古诗两首》是我对古诗这一文体教学的一次探索。我期待通过这样的探索，明晰古诗教学语文核心价值的定位和思考。从这节课的打磨、试教、改进以及应邀至各地展示研讨的体验来看，我以为，古诗教学的语文核心价值应当在古诗意象上，小学诗歌教学可以超越内容的理解、字词的解释、学法的指导、熟读成诵的要求。我的课堂也将渗透这些内容，但我以为这些并不是最主要的。就像走一条路，路上的清风流水、古桥明月、繁花锦簇一样一样地从眼前过去，化为观者的体验和收获，但行路的目标却不尽于此。古诗教学亦然，其目标在于寻找并发现古诗意象，揣摩作者编织意象的方法。

意象，是诗歌最为重要的组成元素，它既是诗歌内容本身，也是诗歌意蕴的外显，更是诗歌音韵的组成。它是一个个真实可感的鲜活可爱的物象，同时也是意境构建、情思表达的组件，它一定是真实可感、看得见摸得着的。叶嘉莹先生在《迦陵论诗》中说："因为诗歌原为美文，美文乃是诉之于人的感性，而非诉之于人的知性的，所以能给予人一种真切可感的意象。"就因为意象是真切可感的，所以我们的学生往往很容易理解悦纳，学生在调取了自己潜在的生命体验，唤醒了自己沉睡的情感记忆后，依托诗人表达的意象，也参与着诗歌意境的复现与再造。从意象入手，能避免把学生逼入物化、庸俗化、机械化的境地。

正是这样思考之后，我在《古诗两首》教学中，努力引领着学生体味这两首诗歌的意象，并根据它们的不同特点，分别采用了纵向叠加和横向叠加的方式。

（一）纵向叠加，陆游《示儿》了不悲

《示儿》整首诗明白如话。尽管这首诗有很多的潜文本，比如陆

游临终之际念念不忘的不是遗产分配、告诫子女，而是“不见九州同”；比如既然知道“死去元知万事空”，却还要叮嘱儿子“家祭无忘告乃翁”。但其实这些问题学生在查找陆游生平经历之后都能解决。

所以，内容明白如话可以不教，背景通过预习也能知道，那么这首诗歌值得教的语文核心内容是什么？当然有内容理解、学法指导、情感体验，但我以为更重要也更有意义的还在于意象的发现和揣摩。说实话，这首诗歌的意象并不明晰，诗人“但悲不见九州同”的意寄托在怎样的象上呢？诗句中根本就没有呈现切实可感的象。如果说有，那就是整首诗歌所展现的当时陆游临终嘱托的画面，这可以叫作“象”。这个象所折射和展现的就是陆游的满腔悲愤和期待。细读这首诗歌的老师也会发现“死去元知万事空”“王师北定中原日”“家祭无忘告乃翁”都是为“但悲不见九州同”做应和的。

针对这首诗歌的意象特点，我在教学中就不再拘泥于这首诗歌本身，而延展为诗人在不同时期所有相同“意”所附着的象上——陆游一生中有大量的诗歌都是表达与《示儿》相同的“不见九州同”的悲哀悲愤的。我把这些诗歌按照年龄节点精心选择了三句，并尽情展现其中的象。比如“遗民泪尽胡尘里，南望王师又一年”中的意象“遗民泪、胡尘”编织出诗人只愿九州同的满腔悲凉与期待；再如“离骚未尽灵均恨，志士千秋泪满裳”中“离骚”折射出的与屈原一样面对山河破碎、风雨飘摇却空有一腔抱负不得施展的遗恨；再如“胡未灭，鬓先秋，泪空流。此生谁料，心在天山，身老沧洲”，其中的意象“鬓秋、泪流”所展现的依然是一种“不见九州同”的悲凉和绝望。所以，在《示儿》的教学中，我紧紧抓住这些本质相同的“意象”，进行了一个沿着诗人生命轨迹的纵向的意象叠加。我期待这种叠加既给学生调和出一团浓浓的化不开的悲愤悲凉，也给学生一些诗歌创作上的启示：诗人的不同诗歌表达是可以展现出这样重复的意象的。

（二）横向叠加，杜甫“闻官军”喜若狂

杜甫的诗与形象在中国诗歌文化里是以“沉郁顿挫”闻名的，但这一次杜甫一反常态，沉郁顿挫一扫而空，代之以鲜活明快、一气呵成、磅礴汪洋。古人评论说：“此诗句句有喜跃意，一气流注，而曲折尽情，绝无妆点，愈朴愈真，他人绝不能道。”说的是非常准确的。清人孙洙评这首诗说：“一气旋折，八句如一句，而开合动荡，元气浑然，自是神来之作。”也是一个意思。当时杜甫和妻子儿女因安史之乱流落在四川，战乱让杜甫饱尝了背井离乡、流离失所之苦，饱受了屈辱和悲凉。这从他的不朽作品“三吏”“三别”以及《春望》《茅屋为秋风所破歌》所展现的困顿劳苦即可见一斑。所以如今忽闻官军收复河南河北，想到有生之年还可以回到故乡，杜甫自然喜不自胜。

那么这种欣喜若狂又是由哪些意象编织出来的呢？仔细研读，你会发现杜甫成为诗圣的魅力所在。即使是这样一首情感饱满的快诗，没有一丝拘泥的作品，杜甫照样把意象安排得精妙妥帖。首先，整首诗的起承转合，收放自如。“初闻泣泪满衣裳”是起，是得闻喜讯之后刹那间的宣泄迸发，接着一收，“却看妻子愁何在”，再放，这一放就肆意宣泄了：“漫卷诗书、放歌纵酒”，一转“青春作伴好还乡”，再合“即从巴峡穿巫峡，却下襄阳向洛阳”。这种情感尽管恣意汪洋，但却不是一捅到底、直白寡淡，而是仍然有弹性、有迂回、有婉转的。其次，杜甫在表达的时候，这些意象无论哪一个都是喜悦的极端表现，像“涕泪满衣裳”“漫卷诗书”“白日放歌纵酒”“青春作伴还乡”，他可以把这么多喜悦的极端表现都堆叠起来，却不让人觉得重复和累赘，反而感觉前呼后应，层层递增，这就是杜甫的功力了。在诗歌的最后，他又将自己的还乡之路勾勒出来，似乎这些喜悦都伴随着他流过巴峡巫峡、流过襄阳最后直接带到了洛阳。叶嘉莹先生曾说，杜甫是一个理性和感性均衡发展的诗人，他有那么博大、强烈的感情，同时，又有如此理性的结构和组织的安排。这就是杜甫！他把他的感发与他

写诗的功力、锻炼字句的功夫结合在一起了。

与《示儿》的教学不同，示儿的意象是单一的，而这首诗歌本身就横陈着许多意象，所以我在教学中就采用了横向叠加的方式去理解、感受和体味。而我在这一课中设置的练笔，“杜甫欣然曰”的语言，就是将学生想象中的喜悦意象也呈现出来，实现对诗歌意象的再次叠加，进一步地丰富这种喜悦。

（三）万殊归一本

诗一贯以来都有“言志”的传统，诗人作诗的目的是为了表现自己内心的感情和志意。中国真正伟大的诗人都有一个特点，他们都把生命和诗歌结合在一起，用自己的生命和生活来印证和实践自己的诗篇。《示儿》也好，《闻官军收河南河北》也罢，两首诗歌都是诗人用他们各种艺术技巧变化的万殊，来表现他们忠爱缠绵的“一本”——对于国家统一、安定、清明、祥和的期待。

无论杜甫还是陆游，无论他们用单一的还是成群的意象来表达，无论他们用什么样的意象，他们这两首诗的写作都很贴近生活。跟王维的空灵、李白的绚烂不同，他们因为要表达的是这样的情怀，所以在写法上也尽量地贴着生活，贴着人心。贾平凹说：“最容易的其实是最难的，最朴素的其实是最豪华的。什么叫写活了？逼真了才能活，逼真就得写实，写实就是写日常，写伦理。”这两首诗都明白如话，学生通过朗读都能想象出那样的人情画面，我以为这就是写实，这就是逼真。

二、古诗两首，在意象的纵横叠加中淋漓

——《古诗两首》教学实录与名师点评

教学实录

（一）走近诗人，书写两个辉煌的名字

师：老师课前布置了预习，初步了解今天要学习的这两首诗歌的作者，你们了解到些什么？

生：陆游是南宋诗人，字务观，号放翁，越州山阴（今浙江绍兴）人。他小时候好学不倦，自称是“我生学语即耽书，万卷纵横眼欲枯”。

师：你的这种学习能力我很赞赏！学习古诗，不仅要读诗，而且要会了解作者，阅读相关的诗作。“学语即耽书，万卷已纵横”可见陆游真是个爱读书的人。你刚才还说到陆游的字、号？

生：字务观，号放翁。

师：所以，如果你以后在书里读到陆务观、陆放翁，就知道是谁。

生：陆游。

师：在古代不仅姓名可以用来作称呼，字、号，甚至官职都可以用来作称呼。比如杜甫，不仅可以叫杜甫，还可以叫——

生：还可以叫杜子美、杜工部。

师：你怎么知道的？

生：杜甫字子美，又当过工部员外郎。

生：杜甫出生在“奉儒守官”的文学家庭中，7 岁他就开始写诗，15 岁诗文就引起洛阳名士们的重视。在 20 岁后的漫游之旅中，他开阔了胸怀并结识了诗人李白。

师：从人们给他的称号中就能说明他的天赋。

生：人们称杜甫为“诗圣”。

师：这说明人们觉得他写的诗怎么样？

生：非常精妙。

生：炉火纯青。

生：杜甫是现实主义诗人。

师：什么叫现实主义诗人？

生：就是他写的诗大多数都是说现实生活的，是忧国忧民的。不像李白，李白是浪漫主义诗人，写的诗都是充满想象的。

师：你还真有见地，会对比着李白来谈杜甫。当然，关于“现实主义”我们在今后更丰富、更深入的学习之后会领会得更深刻。

生：陆游是存诗最多的诗人，至今存诗九千多首。杜甫的诗被称为“诗史”。

师：不止是杜甫，陆游的诗也可以被称为诗史，因为他们的诗比历史更形象、更生动、更真实。那么，大家对这两首诗歌的写作背景有过了解吗？

生：《示儿》这首诗是陆游的绝笔。他在弥留之际，还是念念不忘被女真族霸占着的中原领土和人民，热切地盼望着祖国的重新统一，因此他特地写这首诗作为遗嘱，谆谆告诫自己的儿子。

师：学习诗歌，了解写作的背景、知人论世是重要的方法。我听你说“弥留之际”“绝笔”“遗嘱”，这都是什么意思啊？

生：就是说《示儿》是陆游生前写的最后一首诗。

生：《闻官军收河南河北》是杜甫生平第一快诗。当时杜甫在四川剑门关外躲避安史之乱，忽然听说官军把叛军打败了，非常高兴，即兴写下这首诗。

师：没错。安史之乱说的是唐朝安禄山、史思明发动的内乱。战乱使杜甫整整八年流离失所、无家可归。看来大家的预习非常到位。下面请大家拿起笔，把这两位诗人的名字端端正正地写上一遍。写字的时候人坐正，脚放平，把你对这两位诗人的崇敬和仰慕都凝聚到笔尖。

（一生板书，其他学生认真书写，教师提醒“游”的右半边要写准确）

师：写好的同学和黑板上的校对一下，有错误的马上改正。通过刚才对两位诗人的了解交流，我们知道杜甫和陆游分别居于哪个朝代？

生：杜甫是唐代的，陆游是宋代的。

师：没错，杜甫是唐代的诗人，他的这首《闻官军收河南河北》成诗于距今一千两百多年前；陆游是宋代的诗人，《示儿》成诗于距今八百多年前。那么你想过没有，这居于两个朝代、相隔四百多年的诗人写的诗怎么就搁在一篇课文里了呢？不着急，等咱们学完课文之后，再来思考这个问题。

（二）诵读《示儿》，纵向叠加“悲”的意象

师：先从我们熟悉的《示儿》开始，请大家把课文纸拿起来，正确流利地朗读一遍。

（生自由读诗）

师：谁来读一读？

（指名读，生读得字正腔圆）

师：（指名同桌）你在他旁边，你觉得她读得怎么样？

生：她读得很有节奏，每一句四个字后面停顿一下。

师：对了，读七言的古诗就可以用这样的节奏。尤其是像她读出节奏后，每一句后面三个字还能一字一顿地读，节奏和韵味就全出来了。谁还能读？

（指名读，生读得有声有色）

师：（指名一生）你觉得他读得怎么样？

生：我觉得他读得铿锵有力。

师：真会点评。除了铿锵有力，我还想再加四个字——抑扬顿挫。一句是抑，二句是扬，三四两句是顿挫。我想请他再读一遍，我们一起聆听。给你个小建议，最后一句“家祭无忘告——乃——翁”带点余韵会更好。

（生再读，全场鼓掌）

师：这才叫"读诗"呢！不仅要读得字正腔圆，读出节奏和韵律，还得随着作者的情感起伏读出抑扬顿挫来。不过同学们，读诗读得抑扬顿挫，读出节奏和韵律还不是读诗的最高境界。你知道读诗的最高境界是什么吗？

生：读出诗人内心的情感。

师：对了，也就是说要读得和诗人心心相印、心有灵犀。我们一起来看这首诗，有人说陆游的这首《示儿》明白如话，什么叫"明白如话"？

生：我觉得是"明白得像平常说话一样"。

师：很准确。下面请大家快速地默读这首诗，看看陆游在跟儿子说什么话？

（生带着问题，默读古诗）

师：好，一句一句来。第一句"死去元知万事空"。陆游跟儿子说什么呢？

生：死去了就万事都空，什么也不知道了。

师：死去了就万事都空了。但是这句当中有一个词"元知"，你没解释出来。"元知"是什么意思？谁来给他补充？

生：应该是"本来就知道"的意思。

师：本来就知道，原来就知道。所以这个"元"其实就是我们现在用的——

生："原来"的"原"。

师：请大家把这个"元"字圈一圈，在上面写上"原来"的"原"。注意字要写端正。

（生在课本上标记）

师：（回请第一位）老师还请你把这一句说一说。陆游在跟儿子说——

生：死去了原来就知道什么都不知道了。

师：听着别扭。古诗古文的表达方式跟我们现在不同，所以用我们现在的话说的时候要符合我们的语言习惯。这句话怎么说才更准确流畅?

生:本来就知道人死去了就什么都没有了。

师:一点就通。接着第二句,陆游又跟儿子说什么?

生:“但悲不见九州同”是说但是为没有看见整个中国的统一而悲伤。

师:哪个词是指中国?

生:“九州”。

师:“九州”就是古代对中国的称呼。在古代,对中国的称呼有很多,除了“九州”,你还知道什么?

生:中原。

师:诗歌第三句中就有。

生:华夏、中华。

生:神州。

师:没错,这些都是古代对中国的称呼。这一句当中还有一个字老师要提出来,“但悲”的“但”不作“但是”讲,应当作“只是”讲。请大家把这个“但”字圈一圈,旁边写上“只是”。现在我们一起把这句话说一说。

生(齐):只是为没有看见中国的统一而感到悲伤。

师:第三句谁来说?

生:南宋王朝的军队向北平定中原的那一天。

师:明白了。最后一句。

生:在家里做祭祀的时候不要忘了告诉我。

师:哪里是“我”的意思?

生:“乃翁”。

师:不准确。有时候联系上下文也不能理解的时候,我们还可以借助工具书。“乃”在字典里有这么几种解释。(出示)

(乃:①才:②是,为;③于是,就;④你,你的)

师：“乃翁”的“乃”指的是什么？

（生自由回答第④种解释）

师：“翁”是什么？

生：“翁”就是指父亲。

师：所以“家祭无忘告乃翁”是说——

生：在家里做祭祀的时候不要忘记告诉你们的父亲。

师：真的是明白如话。我们就这样联系着上下文，用自己的话代替、补充着读懂了这首诗。从诗歌第一句的“死去元知万事空”到最后一句的“家祭无忘告乃翁”，联系我们的预习就知道这不是平平常常的时候对儿子的嘱咐，这是到了什么时候了？

生：临终之际。

师：按照我们人之常情，一个人到了临终之际跟儿子说话，一般会嘱咐些什么事？

生：可能会嘱咐儿子以后的生活该怎样过。

师：对，要教给他如何为人处世的道理。

生：要说说家产分配的事情。

师：是的。遗产还是要交代清楚，免得引起家庭纷争。同学们说的都是人之常情。但是陆游在这里说家产了吗？

生（齐答）：没有。

师：陆游其实把这一切都看空了，诗中有一句说明了这一点。

生：“死去元知万事空。”

师：可就是这么一句“死去元知万事空”，把万事都看空的陆游，却对一件事情耿耿于怀、念念不忘。是哪件事？

生：祖国的统一。

师：用诗句中的话来说。

生：“但悲不见九州同。”

师：万事都搁得下，唯有一件事情难以搁下，那就是——

生（齐）：“但悲不见九州同。”

师：他说“死去元知万一事一空，但悲不见——

生（齐）：九州同。”

师：他说“王师北定中原日”，其实就是想看到——

生（齐）：“九州同”。

师：他说“家祭无忘告乃翁”，其实就是想听到——

生（齐）：“九州同”。

师：诗歌读到这里，我们发觉整首诗读着读着其实可以读成其中的一句。那就是——

生（齐）：“但悲不见九州同。”

师：甚至可以读成其中的三个字。

生（齐）：“九州同”。

师：请你把“九州同”这三个字圈出来。（师相机板书：九州同）

师：如果你课前做过预习、读过一些陆游的诗句，你就知道，这种不见九州同的悲，其实是延续了陆游的整整一生。（师相机板书：悲）就在陆游出生的第二年，金兵大举侵犯中原，中原百姓沦为了“遗民”，也就是亡国奴。陆游在《秋夜将晓出篱门迎凉有感》中这样写道（出示前两句）。谁来读？

生：“遗民泪尽胡尘里，南望王师又一年。”

师：这些把泪都流尽了的“遗民”里有一个就叫——

生：陆游。

师：“南望王师又一年”，这一望就是整整一生啊。但是陆游他望到了吗？直到去世他都没望到，他怎能不悲从中来呢？（出示并复沓《示儿》）一起读。

生：“死去元知万事空，但悲不见九州同。”

师：这种不见九州同的悲啊，在陆游正当壮年，踌躇满志，却因为奸臣当道、报国无门的时候最为铿锵！你听他在《哀郢二首》中写道（出示前两句）：

生：“离骚未尽灵均恨，志士千秋泪满裳。”

师：这个“千秋泪满裳”的志士就是谁？

生：陆游。

师：像屈原一样，山河破碎、风雨飘摇，志士千秋却壮志难酬。所以他怎么能不悲伤啊？一起来读！（复沓《示儿》）

生（齐）：“死去元知万事空，但悲不见九州同。”（一字一顿）

师：这种不见九州同的悲啊，到诗人两鬓苍苍的时候还在延续。（出示《诉衷情》）我们一起读！

生（齐）：“胡未灭，鬓先秋，泪空流。此生谁料，心在天山，身老沧洲。”

师：这个“鬓先秋，泪空流”的人是谁？

生：陆游。

师：这个“心在天山，身老沧洲”的人是谁？

生：陆游。

师：这怎么能不让他悲痛欲绝呢？（复沓《示儿》）

生（齐）：“死去元知万事空，但悲不见九州同。”（感同身受）

师：现在老师把这些诗句打在大屏幕上，你会发现有一种情感一直在延续。（出示）

遗民泪尽胡尘里，南望王师又一年。

离骚未尽灵均恨，志士千秋泪满裳。

胡未灭，鬓先秋，泪空流。此生谁料，心在天山，身老沧洲。

生：陆游的爱国情怀。

师：就是这种爱国情怀，使陆游充满悲伤、悲凉和悲愤。他是那么的无力，那么的无助，那么的无奈，以至于他只能一而再，再而三地把这种悲伤化作那一次次的——

生：流泪。

师：所有的无力、无助、无奈，所有的悲伤、悲凉、悲愤，都化作了“泪尽胡尘”“泪满裳”“泪空流”。同学们，什么叫“字字泣血，句句含泪”？说的就是陆游啊。我们一起来读。

（生齐读）

师：直到临死之际陆游还一直盼望着九州同，但是他盼望到了吗？一个人盼望了整整一生的东西都没有能够实现，你说他的内心该是一种怎样的悲凉？

（配乐，指名朗读）

师：读得字字入眼，句句入心。我尤其佩服你读的“告——乃——翁”，充满了悲伤绝望，余韵绵长。

（指名读）

师：缓慢低沉的语调，不仅让我们感受到诗歌的节奏和韵味，更重要的，让我们体味到了诗人悲凉的心境。谁还读？

（指名读）

师：就是这样一个铁血丹心、矢志不渝的陆游啊。盼望了一辈子的九州同都没有能够看到，流了一辈子泪的期待都没有实现，这怎一个悲字了得啊！一起来！能背的背，不能背的捧着课文读。

（生齐背）

（三）互文《闻官军收河南河北》，横向叠加“喜”的意象

师：如果说陆游的《示儿》展现的是一种不见九州同的悲，那么杜甫的《闻官军收河南河北》展现的又是一种怎样的情感呢？请大家拿起课文纸，把这首诗歌有滋有味地读上三遍，读完之后看看大屏幕上的注释和示意图。听明白了吗？

（生自由读《闻官军收河南河北》，出示杜甫归乡路线示意图及注释，示意图省略）

河南河北：唐代安史之乱时叛军的根据地。此时已被官军收复。

剑外：剑门关以外，这里指四川。当时杜甫流落在四川。

蓟北：今河北北部，是叛军老巢。

巴峡：当在嘉陵江上游。

巫峡：长江三峡之一，在今重庆、湖北交界处。

襄阳：今湖北西北部。

洛阳：今河南西部，素有“九州腹地”之称。

师：仔细看就知道，这里的注释都是什么？

生：都是诗中写到的地方。

师：是的。这首诗歌中地名特别多。我们学习古诗、古文的时候，看到这些地名，了解一下就行，不必过于纠缠。示意图谁看懂了？如果你看懂了，你就知道这个示意图其实就是诗歌当中的两句话。

生：“即从巴峡穿巫峡，便下襄阳向洛阳。”

师：你看，示意图也是理解古诗的一种方式。如果你课前有过充分的预习，你就知道这条路其实就是——

生：就是杜甫从四川回到家乡洛阳的路线。

师：注释、示意图都看明白了，这首诗还有没有不明白的地方？

（生认为没有）

师：那我倒要考考你们，这三个词是什么意思？（出示：衣裳、妻子、青春）

生：衣裳就是穿的衣服。

师：我们现在是这么说的。但在古代，衣裳不是一件衣服。

生：就是从上身到下身，上衣和裤子在一起叫衣裳。

师：你是有古文底子的。其他同学听明白了吧？衣裳在古代不是一件，而是一套。（出示）

生（齐）：古代上为衣，下为裳。

师：第二个词——妻子。

生：我觉得是他的老婆。

师：这是我们现在的意思。

生：我认为“妻”是指他的妻子，“子”是指他的孩子。

师：也就是说这里的“妻子”不是一个人，而是一家人。（出示）

（生齐读）

师：“青春”谁知道？

生：指美好的春天。

师：我们现在“青春”是什么意思啊？

生：就是年少时光。

师：在古诗文学习中，这些古今异义的词汇一定要特别注意，它能帮助我们更好地理解诗歌。如果说陆游的《示儿》表现的是一种不见九州同的悲，那么，杜甫的这首《闻官军收河南河北》表现的又是一种怎样的情感？

生：表现的是喜的情感。

师：请大家把诗歌中这个喜欲狂的“喜”字圈一圈。（师相机板书：喜）

师：如果说陆游的悲愤、悲凉是不见九州同，那么杜甫喜的又是什么？

生：杜甫喜的是军队收复了河南河北，他终于可以回家了。

生：整个国家又安定祥和了。

师：收复失地，安定祥和，这不就是陆游念念不忘的——

生（齐答）：九州同！（师相机在“九州同”旁写“！”）

师：下面，我们再回到诗歌中去。既然诗歌表现的是杜甫看到九州已同、可以回到家乡的一种喜悦。那么，诗歌中的哪些言行举止表现了杜甫的喜悦？请你快速地圈一圈。

（生默读，圈画）

生：“初闻涕泪满衣裳。”

师：你仿佛看到什么？

生：我仿佛看到杜甫听到官军收了蓟北的消息以后，高兴得泪流满面，把衣裳都打湿了。

生：杜甫有点不敢相信，脸上惊喜又带些不可思议。

生：我仿佛看到杜甫高兴得眼泪夺眶而出，他赶紧用衣袖去擦。

师：用我们熟悉的一个成语讲，这正是喜极——

生：喜极而泣！

师：这是第一喜。第二喜在哪里？

生：“漫卷诗书喜欲狂。”我仿佛看见杜甫他胡乱地卷起诗书，兴奋得想跳舞。

生：杜甫是个很爱书的人，他胡乱地卷起书，说明他真的非常高兴。

师：高兴得都要发狂了对吧？把喜欲狂说成一个成语那就是——

生：欣喜若狂！

师：这是第二喜。第三喜在哪里？

生：我觉得是“白日放歌须纵酒”。因为读着这一句，我仿佛看到杜甫在大好的晴天白日里又是放声歌唱，又是纵情喝酒，肯定是高兴得不得了。

师：你们知道杜甫当时几岁吗？我告诉大家，52岁！一个52岁的人，在那里又是豪迈地唱歌又是纵情地喝酒。那真是——

生：欣喜若狂！

生：喜不自胜！

师：好一个喜不自胜！第四喜在哪里？

生：“即从巴峡穿巫峡，便下襄阳向洛阳。”我仿佛看到，杜甫马上收拾行装，兴冲冲地准备出发返回家乡了。

师：“巴峡”“巫峡”“襄阳”“洛阳”，仿佛一说完，杜甫就已经到哪里了？

生：到故乡了。

师：但其实他有没有出发？

生：没有。

师：也就是说，身还在剑外，心已经——

生：心已经回到洛阳了。他归心似箭了。

师：你看，杜甫在写喜悦的时候，不只写现实中的喜悦，还把自己想象中的喜悦都写出来了。这是第四喜。第五喜在哪里？

生：我觉得是“却看妻子愁何在”。“愁何在”就是说杜甫的妻子和孩子脸上的忧愁全都跑了。

师：脸上忧愁全都跑了，代之而起的，你看他们的神情，那是喜上——

生：喜上加喜！喜上眉梢！

师：真好，杜甫不仅写自己的喜悦，也写家人的喜悦。看看第六喜在哪里？

生：我觉得是“青春作伴好还乡”。因为他伴着美好的春光就可以回家了。

师：此时你完全可以想象，他的脸上——

生：神采奕奕。

师：喜笑——

生：喜笑颜开！

师：第七喜在哪里？

生（小声）：“剑外忽传收蓟北。”

师：“剑外忽传收蓟北”什么意思啊？

生：剑门关外忽然传来收复蓟北的消息。

师：忽然传来这样的好消息，用我们熟悉的一个成语讲那就是喜从——

生：喜从天降！

师：诗歌读到这里，我们发现原来诗人的这种喜悦是流转在每一个诗句当中的。你仔细看——

（出示：涕泪满衣裳、愁何在、漫卷诗书、放歌纵酒、青春作伴好还乡、巴峡、巫峡、襄阳、洛阳）

师：这里既有喜悦的神情——“涕泪满衣裳”“愁何在”，也有喜悦的动作——

生：“漫卷诗书”“放歌纵酒”。

师：既有喜悦的现实——“青春作伴好还乡”，也有喜悦的想象——

生（齐）：“巴峡”“巫峡”“襄阳”“洛阳”。

师：正是这些喜悦一而再，再而三，三而四地叠加在一起，才形成了这首诗歌如此丰富、如此磅礴、如此一泻千里的喜悦。来，带着这样的理解，一起再来读读这首诗。

（师领诵，生有感情地齐读）

师：无论是喜从天降还是喜极而泣，无论是喜不自胜还是欣喜若狂，这每一种喜悦都达到了极致。不过你们看，诗人杜甫写到了自己神情的喜悦、动作的喜悦，但是他没写到自己言语上的喜悦。下面请你拿出作业纸，想象杜甫在漫卷诗书、放歌纵酒的同时还会对他的朋友、他的家人们说些什么。

（配乐、出示：杜甫漫卷诗书、放歌纵酒，欣然曰：“____！”）

（学生想象补白）

师：写得好还要说得好。想想杜甫当时是什么心情？该怎么说这番话？

生：杜甫漫卷诗书、放歌纵酒，欣然曰：“今天终于九州一统，天下太平了。没有战火，没有哭泣，没有流离失所，我此生更是无怨了！”

师：“没有战火，没有哭泣，没有流离失所”这种排比的表达方式真切地展现了杜甫的喜悦。对他来说，“感时花溅泪，恨别鸟惊心”的日子终于一去不复返了。

生：杜甫漫卷诗书、放歌纵酒，欣然曰：“家乡已定，又有青春作伴，此刻终于能够坦荡地走在大唐的疆土上了。”

师：你不仅写得好，说得更好！尤其你的这个“坦荡”让我能够感受到杜甫此时内心何等的敞亮啊。

生：杜甫漫卷诗书、放歌纵酒，欣然曰：“九州之同，可喜可贺，可喜可贺啊！”

师：从你“可喜可贺”的这种重复当中，我们感受到这种喜悦正在杜甫的心间蔓延。当然前面还可以稍微改一改，改成“九州已同”会更好。

生：杜甫漫卷诗书、放歌纵酒，欣然曰："如今终得九州同，吾可快活返家乡。善哉，善哉！"

师：这正是"露从今夜白，月是故乡明"啊！我看你不仅是杜甫的知音，也是文言文的知音啊！

生：杜甫漫卷诗书、放歌纵酒，欣然曰："今日忽闻收蓟北，涕泪满面愁不在。八年为求这一刻，可算得愿喜若狂！"

师：这不就是活灵活现的小诗圣嘛！给他掌声！现在让我们把我们读到的、看到的、理解到的、写出来的喜悦都融入到诗歌中去，一起来！

（师领诵，生齐读）

师：把你体会到的喜悦送到句子中去，能背的背，不能背的捧着课文读。

（生齐诵）

（四）鉴赏评价，深度领略编者意图

师：两首诗歌学完了，回顾老师上课之初提出来的问题：为什么把这两首相隔400多年、居于两个朝代的诗人写的诗放在一块儿？我相信你现在一定能说出很多个理由来。

生：这两首诗都是表达爱国之情的。

生：这两首诗一首是绝句，一首是律诗，编在一篇课文里有变化。

师：眼光独到，形式上的变化都被你发现了。

生：杜甫的喜和陆游的悲都是因为九州同，都是表达爱国的。

师：了不起。会从写法上谈。这两首诗一首写——

生：一首写"喜"，一首写"悲"。

师：但是这种喜的极致和悲的极致都统一在一点——

生：爱国，也就是九州同。

师：什么叫真正的大诗人？杜甫被称为"诗圣"，陆游被称为爱国诗人都不是偶然的。那是因为他们把自己的喜怒哀乐都跟什么联系

在一起啊?

生:我认为是国家兴亡。

师:是的,把自己的喜怒哀乐和国家的兴亡联系在一起。陆游曾经说“位卑未敢忘忧国”,说的就是地位虽然卑下,但是也不敢忘记忧国忧民。同样的,杜甫也是忧国忧民的诗人。咱们中华民族的历史上有太多太多这样的诗人学者,“先天下之忧而忧,后天下之乐而乐”。老师希望今天的课堂,带给大家的不仅是两首诗歌、两位诗人,也不仅是两种截然不同的情感,更重要的是那种时刻把自己的命运、自己的喜怒哀乐和国家民族的命运维系在一起的情怀。

(实录整理:刘姮)

名师点评

在诗歌中发现精神的力量

我一直以为,诗歌的教学,只是为了让学生能够更有效地阅读诗歌,或者培植其阅读更多诗歌的冲动。为此,我们必须在课堂内做好以下四样功课:

其一,诗歌的解读。首先,教师对诗歌的解读必须合适到位;其次,他还必须通过教学,引发学生对诗歌的更为丰富、更为多元的解读。这里面涉及相关的阅读理论之运用,也考验阅读者对于诗歌语言的敏感度。

其二,价值的凸显。简单地说,每一首优秀的诗歌,文字背后必定涌动着丰富的情绪和思想,这便是诗歌的非语言价值(Non-linguistic Value)。教学诗歌,须将这种价值提炼出来,并内化为读者心中的力量,从而彰显诗歌的精神。

其三,文体的鉴赏。朱光潜先生说过,自从文字出现以来,文学就成了少数人的奢侈品。教学诗歌,便不能不培养学生对诗歌形式的鉴赏能力,否则,像古诗词一类的文体,将愈来愈成为“古董”而为年轻的一代所抛弃。

其四，调节好“指导”与“自学”间的关系。教师为了能将诗歌课上好，往往挖空心思进行“课堂设计”，甚至努力创建“诗歌教学模式”，然而我们不能忘记了，这一切的根本，却是为了让学生能认识诗歌，理解诗歌，爱上诗歌，自行去寻找诗歌中的美。

才军兄自然也明白这些道理。因此，他在教授《古诗两首》时，动用了自身深厚的学养，也动用了他天才的教学智慧，使课堂显得有条不紊，节奏分明。更关键的，在他的诗歌教学中，自始至终渗透着一股精神的力量——无论是对故国的爱，还是面临亡国时的悲情。这种力量，使得学生和老师无不融入至诗歌的情境之中，而成为诗歌精神的一分子。

事实上，他的这堂课，可圈可点之处颇多。他几乎用足了当前诗歌教学中的各种招式，并在课堂内成功地进行了演绎。然而，对于一般老师而言，这堂课不仅仅提供了一种诗歌教学的样式，更重要的是，我们可以从中窥见诗歌教学中的几个重大问题，以及他通过教学给予我们的启示。

首先，诗歌读什么？

当然，对教师来说，这个问题是“诗歌可以教什么”。古诗对小学生而言毕竟是个新鲜的事物，因此才军兄在课堂内不敢造次。在教学之初，他一本正经地帮助孩子们了解如下与诗歌相关的内容：

1. 背景知识：包括作者简介、作品背景等；

2. 字词句子的意思，简单地说，是扫除诗歌中的语言障碍。

他的这种做法，容易招致作品中心主义者，尤其是形式主义和新批评之拥趸的鄙视。他们或许会认为，这样做无异于南辕北辙，甚至让学生先入为主，未读诗句，其义已现。

不过，从儿童阅读者的心理来看，一旦文本中存在过多的语言文字障碍，阅读的顺畅度（Reading Fluency）便得不到保障。古诗词不像现代散文，其中的信息落差一旦不能解决，便会导致阅读无趣、无效。

好在才军兄在处理这些内容时，并不是“告知”学生，而是通过预习作业的展示、师生的对话等方式，潜移默化地让学生了解相应的知识。而之后的课堂推进，更让我们明白，这些知识的学习，实乃醉翁之意不在酒：

师：没错。安史之乱说的是唐朝安禄山、史思明发动的内乱。战乱使杜甫整整八年流离失所、无家可归。看来大家的预习非常到位。下面请大家拿起笔，把这两位诗人的名字端端正正地写上一遍。写字的时候人坐正，脚放平，把你对这两位诗人的崇敬和仰慕都凝聚到笔尖。

此中教师的过渡语，顿时将学生从略嫌繁琐的知识学习中脱身出来，进入到对诗歌、对诗人的郑重态度之中。而这一做法，无疑是要引出之后对诗歌之精神的剖析解读。

由此可见，对诗歌的读，除了字词句意和背景知识，弥漫在诗歌中的情绪以及由此产生的精神力量，也是必不能少的。

师：陆游其实把这一切都看空了，诗中有一句说明了这一点。

生：“死去元知万事空。”

师：可就是这么一句“死去元知万事空”，把万事都看空的陆游，却对一件事情耿耿于怀、念念不忘，哪件事？

生：祖国的统一。

师：用诗句中的话来说。

生：“但悲不见九州同。”

师：万事都搁得下，唯有一件事情难以搁下，那就是——

生（齐）：“但悲不见九州同。”

师：他说“死去元知万—事—空，但悲不见——

生（齐）：九州同。”

师：他说“王师北定中原日”其实就是想看到——

生（齐）：“九州同”。

师：他说“家祭无忘告乃翁”其实就是想听到——

生（齐）：“九州同”。

师：诗歌读到这里，我们发觉整首诗读着读着其实可以读成其中的一句。那就是——

生（齐）："但悲不见九州同。"

师：甚至可以读成其中的三个字。

生（齐）："九州同"。

师：请你把"九州同"这三个字圈出来。（师相机板书：九州同）

这一节十分经典。如果说之前的"逐句分析"有点"老套"，那么，此处的阐释却蕴含着对陆游《示儿》一诗之核心精神的认同。"九州同"既是本诗之悲情所在，也是诗人，不，是所有具历史良知的中国人的共同心声。相信每位学生到了这一环节，心中积聚的情绪已然使他成了该诗歌的另一位创作者。

从这一点出发，我们也很好理解教师在教授第二首诗歌（杜甫《闻官军收河南河北》）时，引导学生对七个"喜"的探讨了。

师：这里既有喜悦的神情——"涕泪满衣裳""愁何在"，也有喜悦的动作——

生："漫卷诗书""放歌纵酒"。

师：既有喜悦的现实——"青春作伴好还乡"，也有喜悦的想象——

生："巴峡""巫峡""襄阳""洛阳"。

师：正是这些喜悦一而再，再而三，三而四地叠加在一起，才形成了这首诗歌如此丰富，如此磅礴，如此一泻千里的喜悦。来，带着这样的理解，一起再来读读这首诗。

（师领诵，生有感情地齐读）

这一"喜"一"悲"的对比阅读，使得诗歌的主题跃然而出，进驻学生们的内心。虽然我们有时候不肯承认"诗歌有意思"，但毋庸置疑，诗歌应当具有"意义"。这个"意义"，不光是对诗歌形式的认同，也是其中的情感在个体的内化。一句话，通过诗人、诗歌、教师、学生几方面的相互对话，诗歌的力量从此彰显。

其次，诗歌怎么读？

小学的语文课堂一直强调“诵读”的重要性。然而，对古诗词而言，“诵读”决非是简单的摇头晃脑，也不是不知所云的“带着想象去阅读”。它必须具有情感的基础和对语言的起码认知。既然才军兄和他的学生将这两首古诗的主题定位为对国家统一的悲喜之情，那么，为了能将这种情绪读出来，便需要一些准备和酝酿的过程。

在这堂课中，师生无论是对背景知识的预习交流，还是对诗歌语句的逐一解释，其根本的目的，都是为了一种情绪的积聚和对“诗义”的理解。才军兄的高明之处，在于他在指导学生读的时候，并非采用厚积薄发的手段，坐等孩子们有了情绪才引出诵读高潮，而是用了“过关斩将”的策略，一路指导孩子诗歌的各种读法。

譬如，在学生尚未对《示儿》一诗有所感觉时，教师只从技术的层面（节奏、韵律）来对学生的诵读进行指导，之后指出一点：

师：这才叫“读诗”呢！不仅要读得字正腔圆，读出节奏和韵律，还得随着作者的情感起伏读出抑扬顿挫来。不过同学们，读诗读得抑扬顿挫，读出节奏和韵律还不是读诗的最高境界。你知道读诗的最高境界是什么吗？

生：读出诗人内心的情感。

可是怎样才能“读出诗人内心的情感”呢？于是，“一句一句来”，师生又开始了对诗歌含义的阐释。这个过程不是简单的释义，更有对诗歌之情绪的认知、认同以及自身情绪的积聚。于是，等到大家认识到“九州同”原来就是该诗之诗眼时，他们的读，一定也迥然不同了。而教师又不失时机地利用复沓、利用其他文本资源，促成了诵读者（学生）的情感外露，促成了他们对诗歌之精神的认同。

对于小学生的诗歌学习来说，同“情”远比入“思”来得重要。于是，才军兄的课堂，便有了一股诗意的力量，牵引着孩子们不断深入文本、深入课堂。

再次，如何平衡诗歌的教与诗歌的学？

虽然才军兄在课堂内用到了不少高招，从学生们在对诗歌的解读和对诗歌的诵读中，凸显了《古诗两首》所蕴含的爱国主题，也让他们粗略领略了古诗词的形式美，但毋庸置疑，这些毕竟有着明显的“教”之痕迹。而我以为，诗歌教学的根本任务，是要能真正促成学生对诗歌的认识和热爱。

按照我粗浅的看法，读者对于诗歌的理解，主要从三个维度进行：其一，鉴赏能力，即通过学习，能领会诗歌的语言、意境以及其中的情感力量；其二，批判能力，即读者能对诗歌具有自己的观点看法；其三，内化能力，即读者能将诗歌中的精神转换为自身的情感和力量。唯有到了第三个维度，诗歌的习得，方可谓到了“再创作”的境地。

在才军兄的这堂课中，学生在这三个维度上均有所获得，尤其是第一和第三个维度（小学生阅读诗歌时，要想形成“批判能力”，到底是难事，故不必过分要求）。问题是，这几个维度上的成功，是否属于孩子“自主活动”的结果，这关涉到他们在学习诗歌时，是否依然依赖于教师的“教”。

在课堂之中，学生的“自主活动”（包括思维和情感）还是较多的。其中最明显的有两处：其一是对诗歌之“背景知识”“字词语句”的学习，其二是《闻官军收复河南河北》一诗教学中的“留白写作”。对于材料和语句的学习，正如前文所述，教师运用了非常巧妙的方法，既让学生习得知识，也突出了主题，更培植了情感。这是这堂课的最大功劳。但如若放手给学生自行阅读，他们是否也具有这种能力？这个不好说，因为本节课中，教师并未将解读诗歌、内化情感的一般方法教予学生。另外，“补白”（无论想象、言说还是写作）是语文课中常见的策略。在对“七喜”的分析中，教师鼓励学生用想象进行情景补白；而之后教师又让学生写下杜甫“会对他的朋友、他的家人们说些什么”。这种写作，是某种意义上的“再创作”，就技术上而言，又不啻是习作训练的一种好方式。唯一可惜的是，这种补白或写作，也还是教师授予的任务，并非学生的自发要求。而后者对于更有深度、更有广度的诗歌阅读，应该更为要紧。

我个人的看法，诗歌的教学，当授予学生以诗歌读法的要义，而不该深陷于具体文本的具体解读。才军兄在课堂内分别为两首古诗引入了一些恰当的补充文本，我们何不以“综合活动”的形式，引导学生对其中的诗义、境界、主题做一番自我考察呢？

另外，无论陆游还是杜甫，他们对于国家命运的关注，以及由此而创作的诗歌艺术，无不是对孩子进行爱国主义教育的优秀材料来源。但是，若没有将作者视角与读者视角相联结，那么这种材料就无法引发学生内心的真正情感体验。解读诗歌，语言自然很关键，而更关键的，却是诗歌文本中所蕴含的跨越时空的人性，以及对自身民族进行皈依的特殊情感，这也是学习者理解诗歌的一把钥匙。

所以，诗歌的教学，需要十分的小心：我们既不能无视教学，以为放手学生就可以让他们习得诗歌的精要；也不能过度教学，越俎代庖，在“精彩丰富”的课堂语境中，束缚孩子对于诗歌的本真理解，妨碍他们对诗歌的可持续阅读。

诗歌教学，须在教与不教之间寻求一个美妙的平衡。

（自由教师、教育编辑王小庆）

三、元气浑然神来笔，天地为之久低昂

——《闻官军收河南河北》教学札记

长期以来，杜甫那满面的愁容让我们在阅读他的诗歌时总感觉沉甸甸的，无论是“感时花溅泪，恨别鸟惊心”，还是“布衾多年冷似铁，娇儿恶卧踏里裂”，我们总能体味到诗歌中弥漫开来的郁郁寡欢，听到那一声穿越时空的长长的叹息。即使是“留连戏蝶时时舞，自在娇莺恰恰啼”“晓看红湿处，花重锦官城”这样有满满一腔喜悦在心头的句子，也是仿佛不愿声张似的“才上眉头，却下心头”。然而，《闻官军收河南河北》带给我们的却是迥然不同的体验，蓦然发现杜甫一反常态，那鲜活明快、一气呵成、磅礴汪洋的姿态令人耸然动容。正如古人评论的：“此诗句句有喜跃意，一气流注，而曲折尽情，绝无妆点，愈朴愈真，他人绝不能道。”

在这首诗歌的教学过程中，笔者经历了多次的教学改进，在古诗教学核心价值的探寻、阅读能力的训练以及语用能力的涵养等方面进行了颇具价值的思考。

（一）初教：徘徊在心门之外

初次教学这首诗歌，我设计了如下的教学流程：

一、初读诗歌，知人论世。请学生按照自己的节奏和感觉朗读全诗，大屏幕出示诗人生平、诗歌创作背景，让学生充分了解诗人当时心情的跌宕。

二、再读诗歌，逐句理解。字不离词、词不离句地引导学生逐句解读，特别关注“却看”“漫卷”“青春”等词语。

三、聚焦喜悦，辐射全文。顺着学生感受到的诗中的喜悦，让学生圈划表达诗人喜悦之情的言行举止，互相交流，举象体验，反复朗读。

四、情感复沓，熟读成诵。以小组读、男女对读等多种方式，引

导读出喜悦，读见杜甫欣喜若狂的心境，最终隐去全诗，熟读成诵。

此次教学，课堂的四个阶段循序渐进、扎实稳当，诗歌的理解与感受以及熟读成诵也水到渠成，课堂的整个过程学生毫无阻滞，始终情绪高昂。

然而也正是这种热热闹闹、过度繁荣的课堂景观让我心生不安，因为我知道，课堂的过分繁荣很多时候是一个危险的信号，它意味着我的教学忽视了学生真实的学习起点，课堂进程完全是从已知滑向已知的。面对这首脍炙人口的古诗，了解作者，感受喜悦，最终通过多种方式的朗读达成背诵积累，这种惯常的古诗教学方式对于六年级的学生来讲确实毫无挑战性。最为遗憾的是这样的教学可能忽略了诗歌最具价值的语文内容，使得整个课堂徘徊在诗歌的心门之外。

（二）重构：切准学习起点，展现诗歌魅力

在这首诗歌接下来多次的教学改进过程中，我坚守了如下的思考和追求。

1. 阅读能力训练的重新排序

我们的学生已经具备了基本的阅读能力。了解杜甫，感知诗歌写作背景，乃至理解诗歌的词和句等要求，学生通过网络搜索、工具书查阅和联系上下文等方式都能轻而易举地解决。如果我们的教学忽视了学生这一真实的学习起点，依然从零起点开始，那么课堂在表面的繁荣下其实毫无价值。在这过程中，学生阅读能力的训练也无非在认读、理解区间内回环往复，停滞不前。长此以往，学生不但毫无所得，还会对语文学习逐渐失去兴趣。任何教学，我想都应当从学生的最近发展区出发，不断创造新的最近发展区，学习才能成为充满冒险和收获的旅程。

基于这样的认识，我将初读诗歌、知人论世、理解大意的环节移到了课前预习。课堂则从学生预习的结果开始，重点观测学生资料查阅、筛选信息和交流的能力。如此，课堂就变得有意思多了。基于学生广

泛的资料搜集，我就可以通过课堂上的交流和比较，引导学生发现怎样的资料是最有价值的，使其领会到筛选信息的方法；通过诗句理解，我们还能锻炼学生语言的梳理、组织和表达能力。在接下来的课堂行进中，我也将阅读能力的训练重点聚焦在诗歌意象的解释、鉴赏和评价上，使得整个教学从学生的已知不断走向新的未知，阅读能力的训练也实现了重新的排序，达成了更上一层的目标。

2. 核心语文价值的潜心开掘

古诗最为核心的语文价值在哪里？我以为在意境。很多时候，我们盲人摸象般地把诗歌内容的理解与意境的领略画上了等号。究其原因，在于很多老师没能发现诗人的意境其实是由一个个看得见、摸得着的意象营构而成的。诗人将自己独特的情思附着在这些鲜活可感的意象上，才展现出别样的情愫。因此，意象是诗歌最重要的组成元素，它既是诗歌内容本身，也是诗歌音韵的组成部分，更是诗歌意境构建、情思表达的要素。学习诗歌，找到其意象，也就追到了根，溯到了源，诗歌意境的领略自然也就水到渠成。

比如在这首诗歌中，充溢着作者对天下太平、青春作伴好还乡的喜悦。诚然，经历了整整八年战争离乱之苦，到此各种凄凉委屈一扫而空，有生之年还可欣然还乡，于杜甫来说的确是不胜之喜。课堂上我完全可以让学生圈划这些意象："忽传""涕泪满衣裳""妻子愁何在""漫卷诗书""放歌纵酒""青春作伴还乡""巴峡穿巫峡""襄阳向洛阳"。在此基础上，引导学生发现尽管杜甫内心有着汹涌澎湃的喜悦，却依然将意象安排得妥帖精妙。这里既有写到神情的"涕泪满裳""愁何在"，也有写到动作的"漫卷诗书""放歌纵酒"，既有现实中的"好还乡"，也有想象中的"巴峡穿巫峡""襄阳下洛阳"，全诗可谓句句有喜，又句句达到喜悦的极致，正是这些喜悦一而再，再而三地叠加在一起，才形成了这首诗一泻千里、恣意汪洋的喜悦！我想，杜甫的《闻官军收河南河北》最大的语文魅力就在于喜悦之情肆意宣泄，然而又并非一捅到底，直白粗俗，而是安排得有角度，有弹性，有迂回，有婉转，形成一种有机的意象群的叠加，丝毫不让人感到重复和累赘。叶嘉莹先生曾说，杜甫是一个理性和感性均衡发展的诗人，他有那么博大、强烈的感情，同时，又有如此理性的结构和组织的安排。这就是杜甫！他把他的感发与他写诗的功力、锻炼字句的功夫结合在一起了。诚哉斯言！

3. 语用积累方式的不断更新

诗歌进入教学后，往往因其经典让人讳莫如深，很多老师在教学诗歌时，语用的目标大多定位在熟读成诵上。诚然，与现代文相比，诗歌语言并不适合仿作运用。这是因为诗歌是独特的意象编织出的情思，其中蕴含着诗人的审美格调和独特的文字品位，简单的模仿与运用很有可能上演东施效颦的闹剧。然而，仅仅熟读成诵似乎又造成诗歌教学极大的课程资源浪费。以《闻官军收河南河北》为例，我们引导学生发现了杜甫创作中意象群叠加的方式，如果不加以体验和运用，则未免差了那临门一脚，让人扼腕叹息。因此，必须在文本的缝隙里寻找语用点，既能调和整个诗歌的审美与格调，又能让学生体验意象叠加的语言魅力。

我也是在翻来覆去的琢磨之后，从杜甫意象表达的缝隙中设计了一处练笔，让学生想象杜甫漫卷诗书、放歌纵酒的同时，还可能会对他的朋友、家人、邻居说些什么。从诗歌意象的表述来看，既有神情的，又有动作的，只缺乏直抒胸臆的语言。当然，诗歌本身就是作者全然的语言表达，但是我们仍然可以找到这个缝隙，进行练笔提升。这样的练笔让学生完全实现移情体验，既延续了诗歌本身的审美格调，又作为新的意向的补充叠加，更重要的是使学生对诗歌喜悦情感的理解和体验更加深刻。此外，在诗歌的熟读成诵上我也作了一些创新，再次教学中呈现了这首诗歌以隶书、行书和草书书写的条幅，让学生朗读，当然，很多同学是凭着背诵才把这样的书法作品读出来的。在这个过程中，他不仅实现了熟读成诵的目标，更感受到了这首诗歌的经典，领略到了不同字体的美感。

（三）再教：领略浑然元气，体味神来之笔

1. 书写一个名字，走近诗人

（1）让学生端端正正地书写“杜甫”，把你对诗人的敬仰凝聚到笔尖。

（2）交流你所了解的杜甫，提示搜索资料要进行筛选，找出最具有价值的。一般来说，诗人的字、号，诗作产生的背景，作品特点和诗人的志向情趣是重点。

（3）根据学生回答，随机跟进：

名号是人们对诗人由衷的赞美，称“诗圣”说明他的诗炉火纯青、登峰造极。

在中国古代，除了姓名，字、号甚至一个人的官职也可以用来作称呼。

杜甫的诗被称为“诗史”，是因为他的诗比历史更形象、更生动、更真实。

我们民族历史上有太多像杜甫这样的文人学士，“先天下之忧而忧，后天下之乐而乐”。

2. 诵读理解诗歌，聚焦喜悦

（1）按照自己的节奏和感觉大声读 3 遍，读出诗歌的节奏和韵味。

（2）指导朗读，出示注释和示意图（示意图略）。

河南河北：唐代安史之乱时，叛军的根据地。此时已被官军收复。

剑外：剑门关以外，这里指四川。当时杜甫流落在四川。

蓟北：今河北北部，是叛军老巢。

巴峡：当在嘉陵江上游（长江三峡之一）。

巫峡：长江三峡之一，在今重庆、湖北交界处。

襄阳：今湖北西北部。

洛阳：今河南西部，素有“九州腹地”之称。

（3）指出这首诗歌有特别多的地名，阅读了解即可，无需作解释。

（4）讨论这幅示意图对应的是诗歌中的哪两句。明确除了借助注释、联系上下文，示意图也可以帮助我们理解诗歌。

（5）交流预习，抓住古今异义词汇“却看”“衣裳”“妻子”“青春”，破解全诗。

（6）交流阅读体验：有一种情绪一直在诗歌中流转，那就是喜悦，为官军收复大唐河山天下太平，为自己得以在有生之年回到故乡而喜悦。

3. 解读诗歌意象，补白叠加

（1）再读诗歌，圈划表现诗人喜悦的言行举止。

（2）举象交流，你仿佛看到什么，听到什么。

（3）点拨：“涕泪满衣裳”是喜极而泣，“妻子愁何在”是喜笑颜开，“漫卷诗书”是欣喜若狂，“白日放歌”是喜不自胜，“青春作伴还乡”是现实之喜，“巴峡穿巫峡”“襄阳向洛阳”是想象之喜，“忽闻收蓟北”是喜从天降。这里的每一句都是喜悦的极致，正是这些喜悦的意象一而再，再而三地叠加在一起，才形成了这首诗歌一泻千里、恣意汪洋的喜悦。这里既有喜悦的神情，也有喜悦的动作，既有喜悦的现实，也有喜悦的想象。让我们带着这样的理解和体验再读诗歌，读出这种无与伦比的喜悦。

（4）想象当杜甫忽闻官军收河南河北的时候，还会有怎样喜悦的话语想要对家人、朋友言说的，顺着“杜甫漫卷诗书，放歌纵酒，欣然曰：____________________________”往下写。感受杜甫的思乡之情和喜悦之意，特别鼓励用文言句式表达的学生。

4. 欣赏诗歌书作，朗朗传诵

（1）陆续出示《闻官军收河南河北》的隶书、行书、草书三幅书法作品，让学生朗读。询问如何读出来的，明确熟读成诵之后，就能朗朗诵读。

（2）引导全体学生边欣赏字体变化之美，感受中华书法之神奇，边进行熟读背诵。

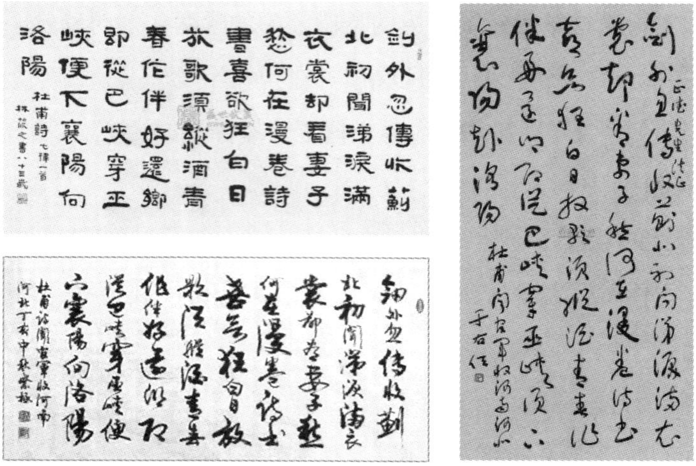

图 2　《闻官军收河南河北》书法作品

（注：图片来自网络）

（3）呈现三幅作品并讨论：如果你是当时的杜甫，最有可能用哪种字体写？指向草书，以字体的选择触摸诗人欣喜若狂的心境。

四、暖风一熏，意境全出

——古诗《题临安邸》教学札记

诗歌《题临安邸》语言朴素，内蕴深厚，是一首极具课堂探究价值的作品。首句“山外青山楼外楼”铺展画面，描绘临安和煦秀美的景象，“山外青山”“楼外楼”的叠词手法，凸显出画面的层次感和立体感，展现江南独有的繁华掩映，于葱翠碧绿之中悄露梁角飞檐的意趣。二句“西湖歌舞几时休”直转而下，语出惊人，盖作者不过是题写于临安之邸，首句又如此和美宁静，却在这里振聋发聩地进行质问，将整个诗歌的叙事推向了包藏万千、宏阔魁伟的境地，真真如灵隐寺的洪钟之声，回荡耳际。后两句“暖风熏得游人醉，直把杭州作汴州”则淋漓尽致地道出了南宋统治者醉生梦死、自我麻醉的存在状态。

教学中，当我出示“暖风熏得游人醉，直把杭州作汴州”一句的意思为“暖洋洋的春风吹得那些权贵们都陶醉了，使他们忘记了国难当头”之后，教室里哗声四起。

生：老师，我认为这里的“暖风”解释为“暖洋洋的春风”不太恰当，应该解释为“权贵们寻欢作乐的香风”。

师：你学得很仔细。一石激起千层浪！那么大家怎么看？（板书：暖风）

生：老师，我认为把这里的“暖风”看作“一种社会风气”更为恰当。

（有生开始附和起来，一部分仍感疑惑）

师：你能解释得更为具体些吗？比如说是一种怎样的社会风气？

（教室里话音渐响，讨论趋向白热化）

生：（一男生自信满满地说）应该是“醉生梦死的社会风气”。

师：说得真好！还有吗？

生：“寻欢作乐的社会风气”。

师：真不错！还有更准确的吗？

生（多生不禁起立说）：“腐败、黑暗的社会风气”。“目光短浅、得过且过的社会风气”……

师：说得太好了！这样的解释大家满意吗？

生（齐微笑）：满意！

师：看来同学们的学习能力又增进不少，这里的“暖风”解释为“醉生梦死、腐败黑暗、得过且过的社会风气”比“暖洋洋的春风”令诗歌意境更为深刻，比参考书的解释增色不少。

生：老师，这里的“熏”字在课文中解释为“吹拂”，而在词语解释中解释为“气味袭人”，到底该用哪个呢？

师：你提的问题真有价值！大家认为该用哪个呢？

（学生中立场鲜明的两队立即形成）

生：老师，我认为用“吹拂”，既然说的是风，自然是吹拂过来的，这样解释比较能觉出风的和煦、醉人。

生：不，我认为这里不是吹拂过来，而是一种风气蔓延开来，解释为“蔓延”更加合适。

师：你能把它说得更具体些吗？

生：就是说，当时掌权的贵族们那种沉迷酒色、醉生梦死、得过且过的不良风气正在整个南宋朝廷中蔓延。

师：你解释得真不错，我也同意你的看法。

生（部分学生一阵商议后）：老师，我们不同意解释为“吹拂”或者“蔓延”，解释为“气味袭人”更为恰当。

师：（惊讶）怎么说？

生：因为与“吹拂”相比，“气味袭人”更写出了气味的浓重和强烈，而这里的气味指的就是腐败之风，说明当时的权贵腐败很厉害，他们臭味相投。

师：从语感上说，“袭人”确实更具主动性和攻击性，也更能说明这种蔓延的趋势非常可怕。

生：老师，解释为“气味袭人”更能描绘出当时整个统治阶级的自甘堕落，而“吹拂”和“蔓延”都显得有些轻描淡写。

师：够水准！你说服了我。大家可以选择自己认为最准确的解释。

师：（待全体写完后）你们认为当时整个统治阶级都是自甘堕落的吗？

生：（一男生立即站起）不，还有抗金名将岳飞！

师：你的知识真丰富。大家知道岳飞的故事吗？

（生七嘴八舌。师请一生简单说说生平、刺字、岳家军以及莫须有的罪名等）

师：刚才这位同学说到精忠报国的岳飞是被秦桧害死的，那么秦桧属于哪种人？

生：卑鄙无耻、陷害忠良的人。醉生梦死、通敌叛国的人。

师：相信他一定也在这群权贵之中。至今，我们在杭州还可以看到岳坟前跪着的秦桧夫妇石像，遭到万人的唾骂。所以，对待历史我们要有科学的眼光，精忠报国的，我们要记着他、仰慕他；陷害忠良、腐败无能的，我们要唾弃他！

生：老师，除了岳飞还有文天祥。

师：说得多好啊！他的两句著名的诗句还记得吗？

生：（一女生怯怯地）是不是“人生自古谁无死，留取丹心照汗青”？（掌声响起）

师：听到了吗？“人生自古谁无死，留取丹心照汗青。”这样的赤胆忠心，多么令人折服。（众生若有所悟）

师：（徐徐地）我相信还有许许多多这样的仁人志士，为着拯救国家与人民进行着不屈的斗争。只是有什么用呢？那些掌权的目光短浅，得过且过的朝廷腐败分子整日地饮酒作乐，有着这样一些不知道吸取教训的害群之马，自然这大好的江山是要断送的了。

（生哀叹者有之，愤怒者有之，破口而骂者有之，扼腕叹息者亦有之）

第三章
寓言：思维的狂欢

经典寓言往往以其篇幅的短小精悍和寓意的深入浅出备受人们的喜爱。我们都知道，把深刻说深刻很难，但要想把深刻说简单更难。寓言就能把极其深刻的关于家国天下、人世真相、生命究竟的道理，通过假托荒诞离奇的故事的形式，说得特别简约直白，有时甚至让人不忍卒读。

进入教学，寓言以其文体特点和精神内蕴，给予老师、学生以极大的思维挑战。教师应当有课程的视野和眼光，通过解读、教学并展开讨论等形式，将寓言最核心的语文内容——思维与表达——深深扎进学生的体验中。如此，师生将共同享受思维的狂欢。

一、经典寓言教什么，怎么教

——以《自相矛盾》为例

（一）文体特征的解读与彰显

著名作家严文井说："寓言是一个怪物，当它朝你走过来的时候，分明是一个故事，生动活泼；而当它转身要走开的时候，却突然变成了一个哲理，严肃认真。寓言是一座奇特的桥梁，通过它，可以从复杂走向简单，又可以从单纯走向丰富。"毋庸讳言，寓言的目的不在"言"。其他文体如诗歌、散文、小说，语言本身就是意图。唯有寓言，其意图在语言背后所寓之意，更准确地说，是一种思维方式。浏览过传统文化中大量经典的寓言之后，你会发现它们大概有如下特征：

1. 谏策之言，立论之据

任何一个言语作品都有鲜明的言语意图，即承载作品的某种诉求。仔细揣摩经典寓言的产生，不外乎两种意图：一是为了向君王提出自己的见解，又恐直接说来有犯上不尊的嫌疑，于是假托简单直白的故事，将劝慰和训诫柔化以吸引君上，体现作为人臣的进退之道；二是仅仅作为自己言论的依据和注解，作者的意图全不在故事，而只是阐述观点。

为什么这样断言？不妨列举一些传统文化中的经典寓言，看看它们分别期待实现怎样的言语意图。《自相矛盾》出自《韩非子》，韩非提出君主治理国家必须在法治的前提下运用权势，而非贤能就能使国家长治久安。《滥竽充数》也出自《韩非子》，其用意是让君主广开言路，不可偏听偏信。《亡羊补牢》《画蛇添足》《鹬蚌相争》《狐假虎威》均出自《战国策》，皆为建议如何与他国相处，而使自己立于不败之地。另有《刻舟求剑》《掩耳盗铃》出自《吕氏春秋》，主要为秦国提供治国方略。而《螳螂捕蝉，黄雀在后》出自《说苑·正谏》，《邯郸学步》出自《庄子·秋水》，《纪昌学射》出自《列子·汤问》……

这些都是建言献策、启人智慧、阐述正道至理的范本。

综上所述，无论作为谏策之言，还是立论之据，寓言本身并不是作者言语意图的真正旨归，故事的意义价值及其承载的弦外之音才是寓言的目的所在。也因此，寓言故事越是明白晓畅，越是简洁清晰，越能淋漓尽致地发挥它作为寓言的功能。若是寓言本身文采飞扬，倒是极有可能“因文害义”“喧宾夺主”。

2. 戚而能谐，婉而多讽

鲁迅评价《儒林外史》说：“秉持公心，指擿时弊。戚而能谐，婉而多讽。”所谓“戚而能谐，婉而多讽”，是指用诙谐幽默的语言来表现沉重的悲伤，以委婉含蓄的语言来讽刺社会的黑暗。

寓言最大的文体特征，正是“戚而能谐，婉而多讽”。比如经典寓言《刻舟求剑》《掩耳盗铃》《邯郸学步》《郑人买履》《守株待兔》等等，读来皆令人忍俊不禁。当刻舟者、盗铃者、学步者、买履者以及守株者经历着种种蒙昧滑稽时，他们是没有足够的自知的。所谓“知人者智，自知者明”，没有自知，他们即陷入了“无明”。

而讲述这些故事的作者却是旁观者清。不过，面对他们的“无明”，作者也只能一声叹息。故事越是荒诞离奇，作者越是不动声色地娓娓道来，这种平静中所包含的巨大张力使得言中之意、语中之理喷薄而出，刻骨铭心。文字背后对于落难之际趁火打劫的盗铃者的不屑，对于寿陵少年苦学不成匍匐而归的同情，对于宁信度不信足的买履者的嗔怒溢于言表。正所谓“满纸荒唐言，一把辛酸泪”。

3. 超越逻辑，忽视常理

阅读寓言出处，会发现经典寓言中的很大部分是在劝谏中急中生智、信手拈来的。由于其目的是假言而说理，因此它常常超越逻辑，忽视常理。

比如《鹬蚌相争》，曾经就有老师在课堂上被问及：“那鹬和蚌的嘴都被对方钳制住了，咋还能争论不休呢？”再比如《井底之蛙》，有老师引导学生质疑：“那蛙一直住在井底，它怎么能认识海龟，并且邀请它到井里游泳呢？”凡此种种，皆令人啼笑皆非。然而因为迎合尊重学生独特体验、倡导批判性思维的风潮，这两个课例一度被津津乐道。想来很少有人去思考其作为寓言的文体特征。讨论寓言是否符合逻辑、合乎常理，就像争论童话中动物为什么会说话一样滑稽可笑。因此，多元解读也需要坚守边界，需要尊重文本的文体特征。

要是我们忽视文体特征，而一味追求寓言的真实可靠，那么可以断言没有一则寓言是经得起推敲的。而这也正是寓言的魅力。用极夸张的语言、极为荒诞的情节、极不可思议的结果，言之凿凿地讲述一个看起来像真的一样的故事。在亦真亦假的犹疑中引发你深入的思辨，博得你哑然失笑、猛然一惊或者幡然悔悟。

4. 见微知著，举重若轻

传统文化中的所有经典寓言几乎都是关乎国家兴亡、人世沧桑的大事，但却又都用最为平常的小事来假托言说。就像《螳螂捕蝉，黄雀在后》，说的是神奇聪慧的年少者为了劝谏吴王不要轻易伐楚，于是日怀弹弓，游于后园，等到吴王问之，才对曰：“彼皆欲得前利而不顾后患也！”真正是一言止干戈。

再如《亡羊补牢》《鹬蚌相争》也都说的是生活中的小事，然而这样微不足道的小事背后却又都承载着令人惊心动魄、耸然动容的宏大命题，言说的也是家国存亡、人生究竟的大道至理。这就不得不让我们叹服创作者的智慧了。把深刻说深刻很难，把深刻说简单更难。从这个意义上说，寓言的伟大和它作为传统文化重要组成部分的地位即在于此。见微而知著，举重却若轻，四两拨千斤，足以见创作者雄浑的表达能力和经天纬地的想象能力。

（二）语文本位的坚守与凸显

任何文体的教学，都必须坚守语文本位，锎定语文的学科属性，体现语文的核心价值。相对其他文体，寓言不重言而更重意，所以，寓言教学，我们需要有更上位的思考，不再囿于文本，而是基于文本，思考语文能力的训练、语言水平的发展和思维品质的提升。

1. 从文本走向课程

文本只是语文课程的一个注解，一种依托，一项载体。用叶圣陶先生的话说："教材无非是个例子，凭这个例子要使学生能够举一反三，练成阅读和作文的熟练技能。"我们都必须树立这样一种观念：教语文，教的不是语文书，而是语文课程。在任何时候、任何阶段，都要让自己拥有强烈的语文课程意识。

笔者教《自相矛盾》，以"听——自主自能复述寓言、说——添油加醋丰富寓言、读——文白对读互文寓言、写——想象补白揭示寓意、思——拓展引发思维风暴"五个步骤实现寓言教学的突破，追求"立足文本却超越文本，教学本文却着眼课程"的教学愿景。

之所以将课文只作为门户和通道，而不作为抵达的根本，一方面是因为对寓言文体的特征和功能有了足够深入的了解，已然将文本定位成课程的引子，期待让寓言教学呈现出豁然开朗的课堂格局；另一方面，课文文字简单直白，学生在学习之前已经有了足够的阅读经验，他们在一二年级甚至更小的时候就听过这些经典寓言。所以，教学如果仍然拘泥于文本，那是从已知滑向已知的简单重复，是忽视学生学习起点的盲目的为教而教。

正是基于这样的思考，笔者在教学中基于文本着力进行的就是听、说、读、写、思的语文能力的训练。比如在"写——想象补白揭示寓意"的环节，通过让学生想象卖矛和盾的人哑口无言时，周围的人会说些什么、做些什么，选择白话文或文言文中的一种方式来补写故事。

①围观的人有的__________，有的__________，有的语重心长地劝他__________，更有人义正词严地告诫他_______________。

②围观者中劝其____________有之，责其____________亦有之。天下人谓之曰：不可陷之盾与无不陷之矛，_______________。

其实这个过程就是引导学生揣摩寓意。学生在读这则寓言的时候对它所要说明的道理是有所感知的，但是这种感知还是混沌的，既不清晰也不规范，所以需要教师设计一定的表达方式，营造一定的语境，使学生能够把自己混沌的思绪理顺贯通，以实现寓意昭然若揭、学生恍然大悟的目的。

2. 从单篇走向互文

寓言作品的阅读在内容的理解和把握上比其他文体简单得多，因为它多是短小精练的，又常通过夸张、比喻、拟人等手法讲述故事。如果只基于文本，课堂就会变得乏善可陈，并很快使学生失去学习的兴趣。所以寓言的学习，可以从单篇孤立走向互文多元。这种互文大致可分为两种形式。

一种形式是不同寓言形成的互文。一般来说，各个版本的教材中寓言都是组合呈现的，至少是两则。为什么这样呈现？当然是根据这种文体的特征来的。比较简单，比较短小，所以可以集中呈现。两篇放在一起，形成寓言二则，就能比较好地让学生感受寓言的表达方式，认识寓言的鲜明特点，把握寓言的文体特征。在教学中，我们要努力凸显编者的意图，引导学生将两则寓言进行互文，从而发现寓言的文体特征，比如故事短小精练，多用夸张、类比，往往以小见大、见微知著等等。如此由篇及类，提升学生的阅读鉴赏能力。

另一种形式是同一寓言的文言文和白话文形成的互文。笔者在《自相矛盾》教学中就采用了这种形式。很多经典寓言文言的表达比白话更有文采。教学寓言，不能忽视这样的课程资源。教学之中，引入寓言古文原文，在阅读理解古文、形成文白对读、提升阅读兴趣等方面很有助益。特别是这些古文原文都很简短精练，对于寓言表达方式的训练和文言语感的培养都有积极的意义。我们可以少做无谓的“鹬和蚌为什么嘴都被对方夹住了还能说话”的讨论，多进行这样的互文阅读，学习文言的表达方式，增强学生对寓言故事中的人物形象的鲜明感知和寓意的领悟。从课堂实践来看，文白对读，从白话文的学习互文到古文的阅读，显得非常容易，而从古文的感知中模仿着古文的表达方式写寓意，则能有效提升写的能力和文言的学习运用能力。

3. 从悦纳走向思辨

毋庸置疑，我们的教材所选取的都是文质兼美的文章，所以我们的教学自然表现为教师极尽所能地引领学生发现文本中的美好：语言的特色、结构的精巧、意象的编排、文化的底蕴……凡此种种，都需要我们带着学生潜心悦纳，课堂的高潮就是达成了与作者的同频共振、心心相印。

然而，寓言却不是那样的简单。读寓言，学寓言，光是悦纳，那真相当于买椟还珠。只有把寓言所带来的理趣、含义、哲理血淋淋地剥离出来，并且联系自身生命经历进行充分的领悟，甚至引发更深度的思考，用以指导自己的生活与实践，这才是寓言阅读的椟中之珠。所以学习寓言，真正要学的其实是蕴含其中的一种思维方式。这种思维方式，这种人世智慧，直接说出来也似乎平平无奇，是我们平常浑然不知的。只有假托故事本身，才能淋漓尽致地呈现出其中的荒诞与滑稽。而语文教学的规律也是如此，通过形象直观的故事内容的阅读，入得其中，出得其外，走个来回，获得体验，这些生命的大道和智慧的思维方式才能得到最大程度的认同与悦纳。

笔者在《自相矛盾》的教学中，全力经营了学生思维品质的锤炼，包括思维的灵活性、独创性、批判性、深刻性和系统性等方面。比如在"说——添油加醋丰富寓言"环节中，学生的思维越是灵活发散，越具有独创性，就越是夸夸其谈、天花乱坠地夸耀矛和盾，诸如：祖传秘方、精钢打造、强身健体、世无匹敌、绝无仅有……如此，也就越能深刻地体验故事的荒诞、把握故事的内涵，对故事中楚人的批判也就越发强烈。在最后的"思——拓展引发思维风暴"环节中，我还出示了如下材料，引导学生的思维走向深刻、灵活和系统。

亡羊补牢，未为迟也。	纵虎归山，后患无穷。
宁为玉碎，不为瓦全。	留得青山在，不怕没柴烧。
善有善报，恶有恶报。	亡羊补牢，为时已晚。
人人为我，我为人人。	人善被人欺，马善被人骑。
得饶人处且饶人。	人不为己，天诛地灭。

先让学生发挥想象连一连，再结合课文想一想，谈谈自己的感受和观点：为什么生活中这些常用的格言警句是自相矛盾的？我们当如何应用？如何自处？课堂实践证明，我们的学生都是有智慧的，他们都能明白这些语言需要在不同事物、不同情境上应用，以便灵活辩证地指导我们的人生。

寓言的目的就在触动觉醒，引起反思，引发论辩。教学寓言，让学生在体验之后进行思辨，经历思维风暴，最终栽种下更有智慧的思维方式，这就是文学的经世致用，也是尊重寓言文体特征的不二法门。

4. 从举象走向得法

语文教学，举象固然重要，得法更为可贵。举象是我们一贯都重视的，因为文字是干瘪寂静的，只有借助读者丰富的想象，在课堂中形成立体丰满的象，内容的理解、情感的体味、意义的把握才能水到渠成。但是，得法比举象更加有价值。用赵镜中教授的话说，要从教课文走向教阅读。也就是说，用有限的、常量的课堂时间教给学生阅读的方法，使他在脱离教师、家长的陪伴之后也能自能阅读，这才是真正可持续发展的语文能力。

《自相矛盾》的教学，笔者也努力在实践，教的是眼下的这一则，但由此掌握的学法却是阅读所有寓言的圭臬。比如“听——自主自能复述寓言、说——添油加醋丰富寓言、读——文白对读互文寓言、写——想象补白揭示寓意、思——拓展引发思维风暴”这五个环节，既是教学过程，更是学习过程。这些方法的习得着眼于学生理解、感悟、概括、解释以及语言组织能力、表达能力和互文能力等阅读能力的训练，着眼学生听、说、读、写、思的全面训练，朝向文本课程价值的开掘和学生思维品质的提升。相信通过本课教学习得的方法，将为学生今后的寓言学习提供更加丰富多元的支架，也为他们的自主自能阅读打下扎实基础。

二、重构寓言教学，展现课程魅力

——《自相矛盾》课堂实录

（一）激活经验，自主自能复述寓言

师：想问问大家，最早是在什么时候、什么地方知道《自相矛盾》这个故事的？

生：我是在五六岁时，从连环画上看到过《自相矛盾》。

生：我是在牙牙学语时，妈妈讲睡前故事时听到过《自相矛盾》。

生：我是大约九岁吧，在成语故事里读到过《自相矛盾》。

生：我是幼儿园时，姐姐和她的朋友们比赛讲故事，听到过《自相矛盾》。

师：好！那么上今天这节课之前，知道《自相矛盾》这个故事的请举手。

（生全体举手）

师：全都知道。既然如此，那么谁来给大家讲讲这个故事？

生：古时候有个人既卖矛又卖盾。因为生意不好就想夸夸自己的盾，说："我这个盾天下第一坚固，没有矛可以戳穿它。"然后他又夸耀自己的矛，说："我的矛非常厉害，可以戳穿任何盾，没有什么能挡得住它的攻击。"结果围观的一个人问他："如果用你的矛戳你的盾，会怎么样呢？"那个人没法回答了。

师：这个《自相矛盾》的故事讲得清楚明白吗？

生：清楚明白。

师：他在讲的时候，有些地方跟课文略有差别有没有关系？

生：没关系。

师：讲故事嘛，本来就是爷爷讲给爸爸听，爸爸讲给儿子听，儿子讲给孙子听的。所以有点差别没关系。能用自己的话讲出来真好。

谁再来？

生：古时候有个楚国人卖自己的矛和盾。他夸自己的盾是天下最坚硬的盾，什么矛都戳不穿它。可是接着他又说，自己的矛是世界上最锋利的矛，任何盾都能够戳穿。于是围观的人问他："用你的矛戳你的盾会怎么样呢？"那个人就无语了。

师：她讲的故事更干净。你觉得她哪里讲得好？

生：语言很简洁。

生：她刚才讲"什么矛都戳不穿它""任何盾都戳得穿"。"什么都""任何都"这点讲得很好。

师：语言非常准确，是吧？哇！你们班都这么厉害。这样，请班长推荐一位你认为你们班讲这个故事最困难的同学。

生：（脸色为难）最困难啊？

师：对，最困难。

生：（思考后下定决心）张澄涵。

（生发出善意的笑声）

师：哪一位？（吃惊）是她吗？刚刚她发言很积极。

（生一片笑声）

师：好，那你来讲吧。不看课文，就用自己的话讲。

生：有一个楚国人，他卖矛也卖盾，他夸自己的盾，说他的盾是世界上最坚固的盾，什么矛都戳不破。然后他又夸自己的矛，说他的矛是世界上最锐利的，什么盾都戳得破。接着有个围观的人问他："如果拿你的矛去戳你的盾，会怎么样？"那个人张口结舌，说不出来话了。

师：哎呦，了不得。（示意同桌）你坐在她旁边，评价一下她讲得怎么样。

生：她讲得干净利落。

师：很会用词。（示意旁边同学回答）

生：表达得非常清楚。

师：表达清楚。我真怀疑这是你们班讲故事最困难的同学啊。

（生暗自发笑）

师：你们太厉害了！三个同学我都听过了，都讲得非常好。当然，我们也要学会倾听。他们三位讲故事都不是随便讲的，他们能够讲得清楚明了，是因为抓住了故事的一些重要元素，比如说讲故事首先一定要把握故事的什么？

生：人物。

师：（师板书）没错。有了人物，要把故事讲完整，就必须把握故事的——

生：起因、经过、结果。

师：这些就叫作故事的——

生：情节。

师：（师板书）真好。人物和情节都有了，故事就成形了。但是这个故事也好，其他故事也好，每个故事当中往往都有很关键的部分——比如说，刚才三位同学让我们一听就明白了这个故事，是因为他们讲出了最关键的地方，否则就谈不上《自相矛盾》了。哪个是关键啊？

生：就是那个卖矛又卖盾的人说的话："我的盾坚固得很，什么矛都戳不穿它。我的矛锋利得很，什么盾都能戳穿。"

师：如果没有这两句，就没有了这个传奇的故事，所以除了人物、情节，讲故事还要抓住什么？

生：故事当中关键的语言。

师：非常好，我们称之为"关键话语"（板书）。你们下次可以去试一试，无论任何故事，只要抓住了（指板书）——

生：人物、情节、关键话语。

师：就能把故事讲好。讲的过程中略有改编不要紧，故事本来就是流传下来的。

（生点头赞同）

师：你看你们上课没几分钟，已经把课文学完了，书本上的故事现在都成了你们肚子里的故事了。

（二）营造情境，添油加醋丰富寓言

师：有个图书出版公司想出版《自相矛盾》这个故事，他们请著名的插画家画了这个故事。请看大屏幕。这四幅插图，如果从情节上讲，可以分别用哪两个字来概括？

图3 《自相矛盾》漫画

（注：图片来自《绘本中华故事·中国寓言·自相矛盾》，郑勤砚主编，朱世芳绘，21世纪出版社出版）

生：我觉得第一张是“吆喝”。

生：第二张是“夸盾”。

生：第三张是“夸矛”。

师：最后一张——（指向一生）

（生满脸尴尬，无言以对）

师：最后一张，其实就像你这个样子。（转向其他学生）叫什么？

生：“张口结舌”。

师：两个字——

生：“无语”。

生：“尴尬”。

生：“逃走”。

师：都可以，没有固定答案。“尴尬”“无语”“逃走”，都可以，一看就明白。你看现在插图有了，但是故事要让人看得懂，除了插图还得有什么？

生：文字。

师：所以得请你们来帮帮忙。如果还是按照课文讲便不够好听，希望你们能仔细观察插图，发挥你们的想象，结合你们生活中看到的吆喝卖东西的场面，争取把这个故事讲得更好听。当然，你可以选择其中比较擅长的一个情节，也可以同时思考几个情节。接下来这样，老师把这个故事慢慢往下讲，你一有想法就马上举手示意我。注意要比课文的故事更有吸引力哦。古时候有个楚国人卖矛又卖盾。（一生举手）

生：他见生意不怎么好，便开始夸奖自己的盾和矛，引来了不少路人。

师：有点意思。引来了不少路人，怎么引来的？具体说说。

生：他一手叉腰一手挥舞着矛和盾，大声喊道：“快来喽，快来喽！我这有盾又有矛，上好的矛和盾喽！”

师：会吆喝，会观察。这么一来，看故事的人就兴趣大增了。有没有其他吆喝的？

生：那个卖矛又卖盾的人看看周围都没有顾客，他左手拿起自己的矛，右手拿起自己的盾，一边敲着，一边大声喊着：“快来买盾喽！快来买矛喽！我的盾和矛都是上等货，不买可惜喽！快来买呀，过了这个村就没这个店喽。”（全场掌声）

师：他吆喝时的哪句话特别吸引你？

生：他说“过了这个村就没这个店喽”，感觉好像要被抢光了，比较吸引人。

生：楚国人看生意比较冷清，就大声吆喝起来：“快来啦！快来啦！此地有举世无双的矛和盾啊。”路人听他这么吆喝，以为是什么宝贝，于是都围了过来。

师：路人认为它是个宝贝，主要是听了他吆喝声里的一个词——

生：“举世无双”。

师：所以你看，语言是多么有魅力。“过了这个村就没这个店”“举世无双”，几个词就把大家都吸引过来了。好，我接着往下讲，你们尽管随时举手。他拿起自己的盾，夸口说——

生：“我这盾坚固得很，无论你拿什么兵器来，都戳不穿它。假如我要是自认第二的话，便没有人敢认第一。”

师：有意思！“我若自认第二，无人敢认第一。”

生：楚国人用自己的矛敲敲自己的盾，然后说：“你看看我这盾多么光滑，多么有杀气！你听听，这声音多么清脆！这可是上等的精铁打造的盾啊！”

师：他跟别人讲的不一样。你坐在他旁边，说说怎么不一样。

生：他的语言很丰富。

生：他把盾敲起来的声音、摸起来的感觉都说了。

师：怎样才能让人信服？光说好没用，得分成几个角度来说。看起来的感觉、摸起来的感觉、听起来的感觉，让人觉得真是好。

生：“你瞧我这盾金灿灿的，亮闪闪的，光泽多好啊！你瞧这花纹，跟老虎似的。一亮出来就能把敌人吓一大跳，准保你能百战百胜。”

师：真会观察，抓住了顾客的心啊。买盾不就是为了百战百胜吗？

生：“走过路过，千万不要错过！你看看我这盾多气派多大方，不买一个带在身边你都不好意思出门。”（众笑）

师：你这盾是专门卖给那些虚有其表的高富帅的吧？接下来，楚国人又举起自己的矛夸口说——

生：“我这矛是用上等材料制成的。你看这矛尖，是用纯铁打造的。你看这矛身，是原木手工削制而成的。我的矛高端、大气、上档次，不买就真的可惜了。”

生：“你们瞧这个矛多锐利啊！矛尖寒光闪闪的，一上场就能把敌人挑个人仰马翻。”

生：“你看我这个矛多锋利啊！不管什么盾都能戳穿。我今天忍痛割爱，只要一百块。不买拉倒。”（众笑）

师：这是准备跳楼大甩卖了啊！

生：“你看，我这矛矛尖闪着翡翠般的光泽，保你还没开战就把敌人吓得狼狈逃窜。”

生：“我这矛可锋利得很。看！矛尖可是经过九九八十一天磨制出来的，上了战场就可以把敌人杀得屁滚尿流。”

师：真是越说越精彩，越说越玄乎。随着我们的即兴创作，书本上的故事变成了我们肚子里的故事，现在肚子里的故事跟画面上的故事又结合起来了，我们就有了另一个更好听、更贴近我们生活的《自相矛盾》的故事。在讲故事过程中，前面这四位同学非常淡定，基本没有参与。现在我来问一问，（走向第一位同学）刚才他们又夸盾又夸矛，说是上好的材料，又说是九九八十一天磨制而成的，你信吗？

生：不信。

师：（走向第二位）你信吗？

生：不信。

师：（走向第三位）你信吗？

生：我信。

师：（惊讶）你信？为什么？

生：因为他们夸得太生动形象了，我听得像真的一样。

师：哟，你看，真会说话！他其实信不信啊？

生（齐答）：不信。

师：但是你们忽悠着忽悠着就把他忽悠信了，（走向第四位同学）你信吗？

生：我也信。

师：也是因为被忽悠信的？

生：我看图片上的那个矛，的确像他们所说的那样。

师：这是第一个被忽悠得已经完全相信了的人。好，那我跟你来个大揭底哦。刚才说到九九八十一天的那位，真是这样吗？

生：不是的。

师：那个说到上好的材料翡翠般发光的那位，真是这样吗？

生：不可能的。

师：（面向表示相信的同学）你现在明白了吧？你被忽悠了，别被语言所迷惑。你们说得越精彩、越离奇、越神乎其神，就越怎么样？

生：不可信。

师：越不可信，对不对？所以结局来了。有个围观的人问他："用你的矛去戳你的盾，会怎么样呢？"

生：一个围观的孩子，用充满稚气的声音说："你拿你的矛戳你的盾，试试看。如果盾会被戳破，证明你的盾是次品；如果矛戳不破盾，说明你的矛是次品。"

师：你为什么让这个孩子说话？

生：因为连孩子都能看穿他，说明那个卖矛又卖盾的楚国人说得太夸张了。

生：有个围观的人说："你这盾和矛既然都是举世无双的，那么用你的矛戳你的盾，会怎么样呢？"这个卖矛和盾的楚国人十分尴尬，立即灰溜溜地走了。

师：十分尴尬，立即灰溜溜地走了。

生：围观的人群中，一个小孩探出脑袋幼稚地问："叔叔，你既然说你的矛这么厉害，又说你的盾也这么厉害，那你试试用你的矛戳你的盾看看。"周围的人听了，都纷纷向楚国人投去了疑惑的目光，那个楚国人张口结舌，什么话也没说，抱起自己的矛和盾快步离开了。

师：他为什么什么话都没说，抱着矛和盾就快步离开了？

生：因为他被一个小孩子当场揭穿了，觉得很尴尬。

师：哎呦，你看你说得多好！我知道你们挺能讲故事，现在我们有了自己写出来的《自相矛盾》。从书本上的故事到肚子里的故事，到现在结合插图即兴创作的故事，我们已经有三个《自相矛盾》的故事了。当然我们讲得越好，把矛和盾夸得越神乎其神，越离奇荒诞，我们就越觉得《自相矛盾》怎么样？

生（齐）：不可能。是假的。

（三）回溯出处，文白对读互文寓言

师：我们知道，这些传统的经典寓言都出自古书。《自相矛盾》就出自古书《韩非子》。韩非子啊，既指人又指书。在古代中国，这样的人有好多，比如说老子、庄子、孟子。《韩非子》当中，《自相矛盾》的故事是这样说的，请大家自由大声地朗读。

自相矛盾

楚人有鬻（yù）矛与盾者，誉其盾之坚，“物莫能陷也”，俄而又誉其矛曰：“吾矛之利，物无不陷也。”人应（yìng）之曰：“以子之矛，陷子之盾，何如？”其人弗（fú）能应也。（节选自《韩非子·难势》。作者韩非，战国时期思想家。）

（学生放声朗读）

师：我请一位同学来读。

（生朗读流畅）

师：读得真流利。这篇小古文当中有两个读“yù”的词：第一个是“楚人有鬻矛与盾者”的“鬻”，第二个是“誉其盾之坚、俄而又誉其矛”的“誉”。请问两个“yù”分别是什么意思？

生：第一个“鬻”是卖的意思。第二个“誉”是夸誉、夸口、夸耀的意思。

师：很好！是真正理解了。理解了才能读得这么顺溜。谁再来读？

（生流利朗读）

师：那么这个古文故事当中的关键话语是哪两句？

生："物莫能陷也"和"吾矛之利，物无不陷也"。

师：真不错。既然你们都读过了。下面老师就来考考你们。这样，老师来读白话文，请你们来读出相应的一句古文，行不行？

生：行。

师：古时候，有个楚国人卖矛又卖盾。

生：楚人有鬻矛与盾者。

师：他拿起自己的盾夸口说："我的盾坚固得很，随你用什么矛都戳不穿它。"

生：誉其盾之坚，物莫能陷也。

师：我的矛锐利得很，随你什么盾它都能戳穿。

生：吾矛之利，物无不陷也。

师：用你的矛戳你的盾，会怎么样呢？

生：以子之矛，陷子之盾，何如？

师：那个楚国人张口结舌，回答不出来了。

生：其人弗能应也。

师：现在咱们换一换，我来读古文，你们来读出相应的一句白话文。楚人有鬻矛与盾者。

生：古时候，有个楚国人卖矛又卖盾。

师：誉其盾之坚，物莫能陷也。

生：他拿起自己的盾夸口说："我的盾坚固得很，随你用什么矛都戳不穿它。"

师：吾矛之利，物无不陷也。

生：我的矛锐利得很，随你什么盾它都能戳穿。

师：以子之矛，陷子之盾，何如？

生：用你的矛戳你的盾，会怎么样呢？

师：太厉害了！你们课前预习很充分。这篇小古文对你们来讲太小儿科了，是吧？和现代文一比较，你发现古文什么特点？

生：我觉得古文的特点是语言精练、简洁。

师：你看一下子把小古文最大的特点概括出来了——简洁、精练。

生：它很明了。

师：简洁、精练、明了。

师：好，现在读《自相矛盾》这个古文版的故事有没有问题？

生：没有。

师：是不是都能读？

生：能。

师：谁来读？（出示）

自相矛盾

楚人有鬻（yù）矛与盾者，誉其盾之坚，"________________"，俄而又誉其矛曰："________________________"人应（yìng）之曰："以子之矛，陷子之盾，何如？"其人弗（fú）能应也。

（生在老师提示后读完）

师：填写的这两句就是这个故事的什么？

生：关键话语。

师：下面我们一起来读。关键话语很重要。谁还能读？（出示）

自相矛盾

楚人有____________，______其盾之坚，"____________"，俄而又誉其矛曰："______________，______________"人应（yìng）之曰："____________________________________"其人________________。

（生流利背诵）

师：真厉害！这么短时间就能背出来。

（生吞吞吐吐背完）

师：不必难为情，在短短的课堂时间内能背成这样已经很不错了。咱们一起来，老师允许有个别同学滥竽充数啊。《自相矛盾》，预备——起。

（生齐声背诵）

师：今天课堂上的第四个故事产生了，是个什么故事啊？

生：古文故事。

师：所以，以后大家讲《自相矛盾》的故事，既可以讲白话文的故事，也可以讲古文的故事。

（四）再现场景，想象补白揭示寓意

师：故事写到“其人弗能应也”就完了。但是刚才吆喝得那么起劲，说“举世无双”“过了这个村就没这个店喽”，说“经过了九九八十一天的打磨”“散着翡翠般的光”，把人都招揽过来了，你现在灰溜溜走了，行吗？围观的人肯定不肯歇啊，对吧？他们还会对这个卖矛和盾的人说些什么、做些什么？还会有怎样的表现呢？来，把作业纸拿出来，请你发挥想象，当这个卖矛和盾的人张口结舌、灰溜溜地走了，围观的人会有怎样的表情、动作？会说出怎样的话语？你可以选择白话文或者古文任一种方式进行补充。（古曲配乐响起）

①围观的人有的____________，有的____________，有的语重心长地劝他____________，更有人义正词严地告诫他__________________。

②围观者中劝其________________有之，责其________________亦有之。天下人谓之曰：不可陷之盾与无不陷之矛，________________。

师：（巡视）有能力的同学两个都写也行，写完了坐正示意我。

（学生专注练笔）

师：写完了吗？好，谁先说一说？

生：围观的人有的指着他说着悄悄话，有的怒目瞪着他，可能在为自己险些被骗而感到生气吧！有的语重心长地劝他：做买卖必须要诚实守信，可不能欺骗顾客。更有人义正词严地告诫他：如果你再骗人，我们就请你去官府做客。

师：关注到了围观的人的神态、表情和语言，了不起。

生：我写的是文言文。围观者中，劝其改此陋习者有之，责其弄虚作假者亦有之，天下人谓之曰：不可陷之盾与无不陷之矛，自相矛盾，你休要再夸口。

师：真不得了，写得那么准确，那么妥帖。相信那个楚国人听了你的话，必定能痛改前非，决不再弄虚作假了。

生：围观的人有的摇了摇头，叹了口气走了；有的交头接耳，似乎为自己险些被骗感到后怕。有的语重心长地劝他：你别夸夸其谈了，这种小把戏我也会。更有人义正词严的告诫他：你不要再骗人了，万一久经沙场的战士买了你的假货，打了败仗、丢了性命可不得了啊！

师：是啊，假货害死人呢。

生：围观的人有的嘲笑楚国人吹牛不打草稿，有的人则无聊地叹了口气走开了，有的语重心长地劝他：你这样说不但没人买你的矛和盾，还会招来耻笑。更有人义正词严地告诫他：以后不要再这样信口开河地夸耀你的东西了，都露馅了。

师：关键这个露馅还不是别人发现的，是他自己夸夸其谈、自相矛盾说漏的。来，最后一位——

生：围观者中，劝其改其言行者有之，责其“人而无信，不知其可”者亦有之，天下人谓之曰：不可陷之盾与无不陷之矛，不可同时存在也。

师：是的，千万别干这种夸夸其谈、毫不守信的事情，害人害己啊。好，这个故事一续编，我们就有了第五个故事。

（五）反诘追问，拓展思维引发风暴

师：请看大屏幕，大屏幕上出示的是我们从古至今流传下来的一些经典格言。仔细观察左边的话和右边的话，你会发现有一些联系。（出示）大家能不能连起来？来，我说左边的句子，你们来连右边相应的句子。

亡羊补牢，未为迟也。	纵虎归山，后患无穷。
宁为玉碎，不为瓦全。	留得青山在，不怕没柴烧。
善有善报，恶有恶报。	亡羊补牢，为时已晚。

人人为我，我为人人。　　人善被人欺，马善被人骑。

得饶人处且饶人。　　人不为己，天诛地灭。

师：亡羊补牢，未为迟也。

生：亡羊补牢，为时已晚。

师：没错。善有善报，恶有恶报。谁来？

生：人善被人欺，马善被人骑。

师：人人为我，我为人人。

生：人不为己，天诛地灭。

师：宁为玉碎，不为瓦全。

生：留得青山在，不怕没柴烧。

师：得饶人处且饶人。

生：纵虎归山，后患无穷。

师：发现了吗？都对上了，是吧？那么对上的这两句话之间是什么关系？

生：我觉得它们之间是相反的。

师：相反、相对的，用我们今天刚学的故事来说叫什么？

生：自相矛盾。

师：没错。我们发现两个句子之间是针锋相对、自相矛盾的。但我刚才也说了，这些语言都是流传下来的、最经典的为人处世的格言，是智慧的结晶。可它们分明又自相矛盾，你们怎么想？来，说说你们的想法。

生：我觉得是用法不同。有的用在那些好人身上，比如知错就改的就可以用“亡羊补牢，未为迟也”。然后对应的就用在坏人身上，“亡羊补牢，为时已晚”。

师：有自己的思考。但是好人用好句子，坏人用坏句子，那坏人不是永远变坏人了吗？那不行啊！格言就是要指导我们的生活，要让好人更好，坏人也变成好人。

生：我觉得是用的地方不同。

师：怎么说？

生：就如最后一句。“得饶人处且饶人”，就是人家不小心冒犯了你，你可以原谅他。但“纵虎归山，后患无穷”，这“虎”指的是那些干尽坏事的人。

师：所以你看，用在不同的地方就不会自相矛盾了。

生：我觉得像“善有善报，恶有恶报”，是说善良的人有好的报应，而恶人就有恶报。而第二句这个“善”我认为就是懦弱的意思，人懦弱就会被人欺负，而马懦弱就会依附于人，所以被人骑。

师：也就是说人可以善良，但不可以——

生：懦弱。

生：我觉得这些话本身没有错，就看你什么时候用。比如“宁为玉碎，不为瓦全”和“留得青山在，不怕没柴烧”这两句都是兵家常用的语言。“宁为玉碎，不为瓦全”是拼死和敌人同归于尽，而“留得青山在，不怕没柴烧”是暂且躲起来，等到以后时机成熟，再来打拼。不同情况下，就可以用不同的句子。

师：这些看起来自相矛盾的句子本身并没有错，只是我们在运用的时候要根据不同的时间、不同的时势、不同的地方加以选择。否则你面对同一件事，既告诉自己“亡羊补牢，未为迟也”，又提醒自己“亡羊补牢，为时已晚”。那就真成了——

生（齐）：自相矛盾。

师：所以为人处世啊，在不同的时间、不同的情境，面对不同的人和事，要用不同的方法、不同的思维。对不对？

生：对。

师：这个卖矛和盾的人，问题就在于，他在同样的时间、同样的地方，既夸自己的盾天下第一，又夸自己的矛天下第一，那就成了——

生：自相矛盾。

师：更有意思的是，三年级我们还学过这样一篇课文，（出示）记得吗？你觉得作者是怎么想的啊？

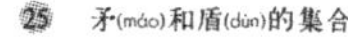

发明家手持(chí)矛和盾，与朋友比赛。

对方的矛如雨点般(bān)向他刺来，发明家用盾左抵右挡，还是难以招架。在这紧张危急的关头，发明家忽然产生了一个想法："盾太小啦！如果盾大得像个铁屋子，我钻在铁屋子里，敌人就一枪也戳(chuō)不到我啦！"

可是，这样固然安全，自己却变成了只能缩在壳里保命的蜗(wō)牛或乌龟。自卫，是为了更好地进攻呀！

对了，在铁屋子上开个小洞，从洞里伸出进攻的"矛"——枪口或炮口。当然，这铁屋子还要会跑，得装上轮子，安上履(lǚ)带。于是，发明家发明了坦(tǎn)克。

坦克把盾的自卫、矛的进攻合二为一，在战场上大显神威。1916年，英军的坦克首次冲上战场。德国兵头一回见到这庞然大物，吓得哇哇直叫，乱成一团，一下子退了十公里！

是的，谁善于把别人的长处集于一身，谁就会是胜利者。

我还能用别的例子来说明这句话。

本文作者黄永清，选作课文时有改动。

101

图4 《矛和盾的集合》

（注：图片来源于人民教育出版社小学语文电子教材）

生：我感觉作者写的时候结合了针锋相对的矛和盾的优点。

师：比刚才的怎么样？（转向另一生）

生：比刚才的更好。他不是要用矛跟他的盾硬着比，而是把别的东西的长处给吸取过来，造成一个更厉害的东西。

师：也就是说不再让矛和盾针锋相对，而是——

生：取长补短。

师：相比刚才，这是一种更为潇洒、智慧的人生态度与生活方式。不要总想着对立，看看对立的东西可不可以找到——

生：结合。

生：共赢。

师：优势互补，寻找双赢甚至共赢，才能无往不胜。

师：今天学习《自相矛盾》，我们以课文为基础，有了肚子里的故事、图画书上的故事、古文的故事，还有了自己续编的故事。最后我们还知道了，《自相矛盾》其实不止是一个故事，还是一种——

生：为人处世的态度。

生：为人处世的方法。

生：思维方式。

师：是的，是一种思维方式。为人处世不能自相矛盾，而是要想想在不同时间、不同情境，运用不同的方式，或者寻找到两个相对立事物当中的什么？

生：寻找到两个相对立事物当中各自的长处，然后取长补短。

师：没错，要善于取长补短，合作共赢，而不是自相矛盾。下课。

三、舍本逐末为哪般

——领略《纪昌学射》的匠心与魅力

《纪昌学射》是一则经典的寓言，讲述了纪昌向著名的射箭能手飞卫学习射箭的故事。飞卫要求纪昌先下功夫练习眼力，再学习开弓放箭。纪昌谨遵师命，勤学苦练，最终成为百发百中的射箭能手。文章选编在人教版四年级下册第八组中，与寓言《扁鹊治病》，民间故事《文成公主进藏》《渔夫的故事》，神话《普罗米修斯》共同构成“走进故事长廊，感受独特魅力”主题单元。从选编的几篇课文来看，编者意图是阅读不同文体样式的故事，感受故事中的人物形象和深刻道理，并学会复述故事，由此对学生进行信息筛选、整体把握以及复述表达等语文能力的训练。

笔者听过不少老师执教《纪昌学射》，往往围绕着“纪昌是怎么学习射箭的”来引导学生读懂课文，并最终体味到纪昌矢志不移、坚持不懈的品质，懂得了学习本领一定要专心致志、勤学苦练才能学有所成的道理。每每看到老师、学生纠结于故事内容的了解，甚至群情激昂地讨论纪昌学射的勤奋刻苦，笔者总有怅然若失之感，因为就这个寓言的表达来说，作者想要阐述的不仅仅是纪昌如何勤学苦练，更重要的是告诉读者，要想掌握一门技艺，成为个中能手，必须练好基本功。此外，寓言的教学如果仅仅是读懂故事并且理解其中的道理，则不免缺乏课程视野而过于狭隘了，学生语文素养的增长在这样的课堂上自然也乏善可陈。

之所以产生这样的偏颇，我以为原因有三。

其一，不作细读的想当然。课题是《纪昌学射》，按照思维惯性，自然是写纪昌为什么要学射、怎样学射、学得怎么样。课文乍一看也是这样写的：“开始练习的时候……学得差不多了……取得了这样大的进步……后来……”似乎展现的就是学射的整个过程。

其二，游离本位的盲目化。教师未能对文本的结构和叙述过程作细致深入的分析，没有敏锐的语文意识，语文教学的关注点仍然在语文的内容即写了什么，而缺少对语文的形式即怎么写的关注。

其三，无视文体的疏漏化。由于单元导读中编者是以“故事长廊”的说法涵盖整个单元的，所以在具体教学过程中，很多老师把这个单元的所有课文都认定是一般的故事，忽视了其作为寓言、民间故事或者神话的文体特征和教学功能，使本文教学未能凸显寓言的特征，课堂如轻风行水面，浅尝辄止。

如果老师们细读《纪昌学射》，尝试从文章结构、叙述特点、细节描写等几个方面对其进行细腻分析，就能发现本文写作上的独特匠心与魅力。

比如从文章的整个结构来看，作者叙述清晰流畅，且未作任何的主观评价，而只是陈述事实。尽管有清晰的叙述过程——“开始练习的时候……学得差不多了……取得了这样大的进步……后来……”但其实真正写到纪昌学习射箭的才一句话，而且是在文章的最后：“于是，飞卫开始教他怎样开弓，怎样放箭。”如此轻描淡写！按照我们惯常的思路，怎样开弓，怎样放箭应当是“学射”的重点。比如步子怎么跨，身形如何保持，双臂怎样稳定，如何瞄准目标等等，然而在本文中，作者独辟蹊径，对于如何开弓放箭一笔带过，却将全文重心放在基本功——眼力的练习过程上。由此可知，作者想要阐述的纪昌学射最重要的道理是要练好基本功。万丈高楼平地起，磨刀不误砍柴工，任何一门技艺的炉火纯青，都需要扎扎实实练好基本功。也正因为纪昌按照飞卫的指点练好了基本功，最终射箭的百发百中才水到渠成。从这个角度说，作者在展现纪昌勤奋努力、坚定不移的同时，也在褒奖飞卫的传艺水平之高、心思之巧。

从文章的叙述特点来看，重点是在第二、三自然段。而第二、三自然段都是采用“飞卫指点—纪昌苦练—本领到家”的结构来展开的。

尽管结构相似，但两相比较，还有诸多不同。比如眼力练习的目标不同，第一次练的是定力，第二次练的是目力。自然，练习方法也不同，第一次用妻子织布时穿梭的梭子，第二次用的是长头发绑住的虱子。当然，表现他本领到家的描述也不同，第一次是："就是有人用针刺他的眼皮，他的眼睛也不会眨一下。"而第二次是："那只小虱子，在纪昌的眼里一天天大起来，练到后来，大得竟然像车轮一样。"这两句形象生动的表述，将纪昌眼力功夫的到家刻画得淋漓尽致。

从文章的细节描写来看，充满了神奇的想象力，这就很有寓言文体的特征了。寓言往往善于运用夸张，甚至超越逻辑和常理的想象来达成独特的表达效果。在这里，作者所列举的"织布时穿梭的梭子"和"吊在窗口的虱子"都让我们感到神奇，尤其是"用针刺眼皮也不眨"和"小虱子大得像车轮"，更让我们叹为观止。这真可以说是"语不惊人死不休"啊！如此写法，自然让我们对纪昌的学射过程充满好奇，也充满敬畏。

基于以上对文本的解读，在寓言《纪昌学射》的教学中，笔者以为需着力凸显语文课程意识，彰显寓言文体特征。

（一）切准文体的内容重构

如果将《纪昌学射》的教学仅仅聚焦在故事的内容理解和道理感知上，这就证明教学者眼中缺乏课程意识和文体意识。在这样的课堂上，语文只能在逼仄的空间内闪转腾挪、捉襟见肘；学生也须得忍受着教师从已知滑向已知的喋喋不休与自以为是。毋庸讳言，四年级的孩子学习这篇文章，在内容的理解和把握上实在不是什么难事，而且故事本身就比较短小，语言也相对简洁。所以，寓言的教学还是要有强烈的语文课程意识，从学生准确的学习起点出发，着眼语文听、说、读、写、思等素养的有效提升去发现和重构教学内容。比如在本文教学中，故事内容的理解完全可以让学生通过朗读自学实现，学习复述并且掌握复述的方法应当成为首要的核心内容。复述故事的方法可以在学生复述过程中及时梳理，比如抓住人物、情节、关键细节等。这一过程就着眼于学生听、说以及语言组织能力的训练。在所有学生能够复述并且掌握方法的基础上，我们还可以探讨故事的寓意。当学生未能准确解读出“练好基本功”这一核心寓意时，完全可以引导质疑：课题是纪昌学射，应该重点写怎样学射，可是全文真正写到学射的其实才一句话，课文这样安排材料，到底有何意图？通过这样的还原和比较，让学生发现作者的匠心所在，从而获得准确的价值认同。这一过程，就是对学生整体把握、信息筛选、阅读表达和思考鉴赏等能力的综合培养。此外，我们还可以适当拓展，比如将《纪昌学射》的文言文呈现出来，让学生进行朗读，实现互文，顺势感受小古文的语言特点。

（二）沉入语境的积极语用

提升学生学习和运用语言文字的能力是语文学科的根本任务。在本文教学中，以理解故事内容和道理为核心的教学在语用上不仅含量极低，而且显得消极。在重构语文教学内容，切准学生准确的学习起点之后，我们就有时间和空间来对学生进行更为多元的积极语用的实践，比如积累与复述、讨论与思考、组织与表达等等。此外，我们还可以根据文本最有特点和表现力的语言现象进行仿写运用，在课文语境的观照下实现积极语用。在《纪昌学射》中，我们发现作者在展现纪昌基本功本领到家时，往往采用生动夸张的语言进行描述。基于这样的前验，我们也可以在文本表达的空白点“百发百中的射箭能手”中，进行这样充满想象力的神奇补叙。比如：

①后来，纪昌成了百发百中的射箭能手——就是百步之外随风飘摇的细小柳叶，也（　　　　　　　　　　）。

②后来，纪昌成了白发百中的射箭能手——远远的城门楼上高悬着的小铃铛，在他眼里竟然像（　　　　　　　　　　）。

③后来，纪昌成了百发百中的射箭能手——就是（　　　　　　　　），也（　　　　　　　）；（　　　　　　）在他眼里竟然像（　　　　　　　）。只要他一弯弓搭箭，（　　　　　　　　　　）。

这个过程既是对纪昌基本功到家、射箭百发百中的补叙、呼应与推动，也是充分领略纪昌持之以恒、勤学苦练，最终学有所成的方式。通过这样的语言学习和运用，学生不仅经历了情感态度和价值观的熏陶，更重要的是掌握了一种有价值、有意义的表达方式。值得一提的是，在这个故事的原文中，确实有对纪昌射箭本领的描述："乃以燕角之弧、朔蓬之簳（gǎn）射之，贯虱之心而悬不绝。"意思是说：纪昌练成后，用燕地的牛角装饰的弓，北方出产的篷竹作为箭杆，射那只悬挂在窗口的虱子，穿透了虱子的心，但挂虱子用的牛尾巴毛却没有断。

（三）适度拓展的互文学习

经典寓言因其语言简洁、篇幅短小，在课程含量上需要有适度的拓展。大量经典寓言其实都来源于古书。比如《纪昌学射》就出自《列子·汤问》，《扁鹊治病》出自《韩非子》等等。在寓言教学中，拓展材料选用其古书中的文言文，形成同一故事内容的不同语言表现形式，相映成趣，能大大地激发学生的学习热情。有意思的是，因为有了对故事内容的深入了解，再来读文言文，其难度已大大降低，课堂上，教师通过领读、齐读、文白互读等手段，能以最有效、最经济的方式让学生感受文言文的魅力。

比如《纪昌学射》的古文节选为：

纪昌者，学射于飞卫。飞卫曰："尔先学不瞬，而后可言射矣。"纪昌归，偃（yǎn）卧其妻之机下，以目承牵挺。二年之后，虽锥末倒眥（zì），而不瞬也。

以告飞卫。飞卫曰："未也，必学视而后可，视小如大，视微如著，而后告我。"昌以牦悬虱于牖，南面而望之，旬日之间，浸大也；三年之后，如车轮焉。

以告飞卫。飞卫高蹈拊膺（fǔ yīng）曰："汝得之矣！"

通过这样的拓展阅读，学生不仅对故事内容更加印象深刻，而且能领略文言文语言简练的特点。在朗读、对读中，文言语感的栽种和培养也能有所落实，如此，也为五、六年级小古文的学习奠定良好的基础。

第四章

神话：触摸先民神圣的信仰

古希腊的阿波罗神庙有一句箴言：认识你自己。

生命的奥秘，宇宙的神奇，万物的有灵，人类自我与周围世界的对话、博弈、讲和，正是一切神话创作和流传的根源。

神话是人类童年阶段朴素的信仰，其背后有着磅礴浩荡的文化内涵与精神血脉。阅读与重述神话，正是传承民族的文化与血脉。

教学神话其实是感受我们的祖先感知世界的思维方式，经验这个神话诞生的神奇过程。

一、神话：触摸先民神圣的信仰

——以《盘古开天地》为例谈神话教学

（一）神话与神话教学

神话诞生的动力来自于初具思考能力的人们对创世和起源的探索。在当时人们的眼里，一切自然现象都充满着神秘力量，日月星辰、风雨雷电，皆莫测不可知。人们需要借助庄重的语言和大胆的想象与天地自然取得沟通，寻找到人类与这些神秘力量的联系。就像神话学大师坎贝尔说的："神话的基本任务之一就是让人安居于他们所住的土地，让人在这片土地上找到圣所。这样，就可以让自己的本性和自然的雄浑本性相契在一起。这是人对自己最必要和最基本的适应。"

小学中年级是阅读神话的最佳时机。一方面，这个阶段学生的自我意识逐渐觉醒，知道自己是存在于世界之中的，是芸芸众生中的一个。他们开始进行"天问"："我从哪里来？天地是怎么产生的？世界是怎么来的？"而神话正具备这样的哲学启蒙的功能。另一方面，因为神话阅读既需要浪漫的感性思维，也需要相对综合的理性思维，这也契合小学中年级学生的思维发展状态。在小学低年级，学生感性思维发展迅猛而理性思维尚在萌芽，对神话宏大叙事的把握能力自然有所欠缺；而到了高年级，精确化、综合化的理性思维快速发展，使他们对于神话的叙述会少一分敬畏、多一分理性。

神话《盘古开天地》选编在人教版教材三年级上册。尽管很多老师在教学神话时，只是将它当作一般故事来教：了解故事内容，感知人物形象。但我们不得不承认，神话作为古老民族的信仰，其背后有着磅礴浩荡的文化内涵，教学神话其实是感受我们的祖先感知世界的思维方式，经验这个神话诞生的神奇过程。当我们在这样深远的背景和宏大的叙事中来看待神话教学的时候，就会产生一种不能承受之重——该怎么教才不至于亵渎了我们祖先的神奇创造？才不至于使神话的美学和哲学有所偏废？

（二）神话怎么教

曾有老师教《盘古开天地》时把教学定位在“民族意识的启蒙”和“民族哲学的感知”。他把这个文本当成一个通道，试图越过语言的学习和品味，越过文本的语文课程功能，而让学生学着祖先一样摸索天地的来源、人世的产生，然后自由地驰骋想象，编织属于自己的“开天辟地”的神话。这样的教，当然会最大限度地培养孩子对未知世界的探究欲和创造欲。但毋庸讳言，这样的课堂所承载的不是语文的功能，而是哲学与文化的功能，对于当下正处于语言发展和听说读写能力提升过程中的学生来说，它所进行的语文建设微乎其微，所定位的课程价值亦得不偿失。

所以，当神话进入教材的时候，坚守语文本位，凸显文体特征，顺势展现其哲学启蒙的功能是我们应当坚持的教学主张。这将使我们鲜明地区别于只把神话当成混沌无限的想象之窗的哲学启蒙课堂，而以语文课程的眼光关注学生准确的学习起点，关注学生听、说、读、写、思的语文能力的发展，关注整体感知和复述神话的能力，关注神话的文体特征与表达特点，初步感知神话的哲学启蒙价值。

在这样的坚守之后，我们需要思考：神话区别于其他类型文本的特点在哪里？神话教学如何彰显其文体特征？如何把神话教成神话呢？在大量阅读神话文献，如《灵化无穷》（李贵生）、《神话：远古记忆的重述与解读》（李贞颖）、《神话的力量》（[美]坎贝尔），比对各类神话教学课堂的过程中，笔者认为，神话教学基本的教学追求可以确定为“神”和“话”。

教出神话的“神”，即领略文本所表达的神奇。所有的神话都有我们叹为观止的神奇想象和神奇表达，以神奇的情节展现神奇的力量和形象。这也是神话区别于其他文体的最大特点。在这之中，我们还可以触摸到民族文化的一些密码。比如《盘古开天地》一文中的“混沌”，这个对宇宙原初状态的描述其实在中国神话里是个天神，六脚四翅，全身通红，没鼻子没眼睛，活像个布袋，没有时间和空间的概念，彻头彻尾的一无所有。再比如“十万八千年”这样的数字也都具备了符号意义。再比如“轻而清的东西上升、重而浊的东西下降”其实就是我们传统文化中的“阴”和“阳”。这都是我们民族最为朴素的一些认知，这些认知也已经浸润在民族文化的血液里一代一代地遗传着。所以，关注神话的“神”，其实是洞见我们祖先瑰丽的想象，传承我们民族文化的密码，同时也是保护学生对于未知世界探求的欲望。

教好神话的“话”，即感受语言表达的特点和艺术。学习神话更需要关注语言，没有一个神话的流传不依赖于精美神奇的语言。在实际教学中，神话故事本身的神奇很容易吸引我们，使我们容易忘记它作为教材的语文课程开发价值。我们要关注神话重复、对仗、形象化的语言表达特色，关注神话所具有的丰富的细节，关注神话故事前后的自足、周延，亦即它在表达神奇的同时还准确合理，让人信服。

尽管神话的“神”和“话”最终都统一于语言本身，但审视教学时我们需要有这样的剖析与解读，知其然且知其所以然，才能“以其昭昭使人昭昭”。

在《盘古开天地》的教学中，笔者就是抓住“神”和“话”，梳理出由词及句到篇的神话文本的语文核心内容，以“切准文体，邂逅神话——了解神话的起源及我们民族的主要神话故事；朗读体味，揣摩‘神’‘话’——深入字里行间感受神话神奇的数字、神奇的情节、神奇的形象和神奇的变化；创设情境，复述神话——依托图片和提纲，绘声绘色地讲述神话故事；由篇及类，续读神话——展现神话的文体特征及哲学启蒙意义”（具体见教学实录）四个环节，带领学生领略《盘古开天地》作为创世神话的独特魅力，感受并运用神话神奇的语言创造，体味神话的文体特征，实现听、说、读、写、思等语文能力的持续提升。

（三）神话教什么

神话教什么，也就是神话教学内容的确定。神话，往往依托神奇的想象设置神奇的情节，展现神奇的形象，凸显神奇的变化。神话的“神”和“话”正是其语文核心内容所在。基于对三年级学生语文能力和素养的基本定位，正视神话教学的语文课程价值，笔者梳理了《盘古开天地》一文的语文内容。

字词方面，此文有大量并列关系的合成词，如“混沌”“辽阔”“茂盛”“滋润”“祖宗”“创造”等等，教学中可以让学生感知这种构词方式。此外，包括词组“飘动的云”“隆隆的雷声”“滋润万物的雨露”“奔流不息的江河”等，也是三年级学生语言的必要训练，编者也表达了这样的诉求。教学中可以顺势让学生适度拓展：____________________的神话____________________的盘古____________________的宇宙。填写的过程既是对语言能力的训练，也是对故事内容的感知。而将这三个短语连起来说成一句话，则成为对文本内容的基本概括。这正是一举三得。

本文有一些重要的语言现象。比如开篇：“很久很久以前，天和地还没有分开，宇宙混沌一片。有个叫盘古的巨人，在这混沌之中，一直睡了十万八千年。”一连串的神奇！盘古与天地宇宙同生，是天地宇宙的重要组成部分。读着这个句子，不自觉地想起千字文：“天地玄黄，宇宙洪荒。”那种苍凉、宏阔、孤独、壮伟的感觉扑面而来。“巨人”“十万八千年”这些特定的文化符码正编织出天地万物初生之时的苍凉。再看：“他见周围一片漆黑，就抡起大斧头，朝眼前的黑暗猛劈过去。只听一声巨响，混沌一片的东西渐渐分开了。轻而清的东西，缓缓上升，变成了天；重而浊的东西，慢慢下降，变成了地。”想象瑰丽又合理。“抡”“猛劈”“巨响”所编织的巨大力量，使得天地分开成为可能。后一句对仗工整、朗朗上口，揭示出创造的神奇。轻而清的东西，重而浊的东西，其实就是阴和阳。最让人叹为观止的就是这两句语言形成语言形式和内容的完美对仗，甚至在语音上也形成一定的对仗："轻"对"重"，"清"对"浊"，"上升"对"下降"，而"轻、清、升、天"都是平声，"重、浊、降、地"多是仄声。再如："盘古倒下后，他呼出的气息，变成了四季的风和飘动的云；他发出的声音，化作了隆隆的雷声。他的双眼变成了太阳和月亮；他的四肢，变成大地上的东、西、南、北四极；他的肌肤，变成了辽阔的大地；他的血液，变成了奔流不息的江河；他的汗毛，变成了茂盛的花草树木；他的汗水，变成了滋润万物的雨露……"你会发现，先民们将盘古的身体与宇宙万物如此完美地对应起来，气息相对清弱是风和云，声音比较洪亮是隆隆的雷声，双眼圆润发亮是日和月，肌肤平整广袤是辽阔的大地……想象的丰富美妙必须准确合理、细节到位，这样的想象才让人信服。这个部分是全文中最精彩、最神奇的，也是所有读者最为关注的。因此，熟读成诵并且感受先民想象的美妙与合理之外，还可以让学生学以致用，从文本表达的空隙中寻找语言实践的素材。将这个文本与古代文献互文，可发现古文中的"发髭为星辰，齿骨为金石，精髓为珠玉"等并没有在文中呈现，我们完全可以在这个片段的学习中，引导学生想象仿写：他的头发，变成了（　　）的（　　）。他的牙齿，化作了（　　）的（　　）。他的（　　），变成了（　　）的（　　）。这个过程既有文本语境和文体语境的观照，又契合三年级学生的语言发展状态，极好地给予学生学习和运用语言、感受想象的神奇与合理的机会。

就本文的情节感悟而言，以图片猜测情节、成语概括情节为依托，以图片和成语的组合呈现情节，为复述搭设阶梯，最后又以哪个情节会作为图画书的封面进行理由阐述等方式，立足学生的兴趣和学养进行情节的揣摩。在学生阐述理由的同时，不仅故事情节已经内化，而且对于精彩情节的复述与喜好也水到渠成。课堂最后猜猜"这个故事会在什么时候讲给什么人听"，则是展现神话文本的神秘气质和哲学启蒙价值。神话故事正是由民族中德高望重的长者，在意义重大的日子里，庄重肃穆地讲述并流传下来的。这也是神话作为民族原初信仰的标志。

朱自清曾说："神话体现了早期人类瑰丽的想象，是民族原初精神气质的结晶。当神话解释自然这一任务完成后，所有挺立在神话中的这些大神都化为一系列审美符号和精神丰碑，以更为饱满的姿态穿行在历史、文学以及宗教审美的殿堂里。"因此，在本文教学中，盘古这个创世英雄形象的感知也是重要的教学内容。无论是天地混沌、开天辟地、顶天立地还是化生万物，每个情节都须唤醒学生的感知，尝试透过语言和想象描绘心中的盘古，力图让盘古立体、丰满起来，逐渐形成清晰的形象，并对盘古无私无畏、勇于奉献的精神产生热爱和敬佩。

在教完这一篇的基础上，还可以尝试将我们民族中的神话文本进行集约呈现，让学生进一步感受神话文本的文体特征。比如神话讲的都是人类与宇宙自然的抗争，神话的情节往往是出现灾难—英雄问世—降服灾难—铭记英雄（灵化万物），神话往往有神奇的数字、神奇的形象、神奇的情节和神奇的变化，等等。通过这样的集中呈现，学生就能跳出文本，对神话文体产生初步的感知，这对于他们今后阅读了解神话，感知神话的独特魅力，增强神话的阅读欲望具有巨大的推动作用。

值得一提的是，在本文教学中，整体的感知、信息的提取、语言的评价鉴赏、复述的训练、盘古变化的想象仿写都是指向学生阅读能力的培养和发展，指向听、说、读、写、思的语言素养的提升。

二、在神话里领略其“神”其“话”

——《盘古开天地》教学实录

（一）切准文体，邂逅神话

师：（板书：神话）神话是我们的祖先对于世界是怎么来的、人类是怎么产生的等问题无法作出科学解释的时候，通过神奇的想象和美丽的语言创造出来的。每个民族都有自己的神话。大家听过或者读过我们民族的哪些神话？

生：女娲补天。

生：精卫填海。

生：大禹治水。

生：夸父追日、后羿射日。

生：嫦娥奔月。

师：看来大家读过的神话很多。不过今天我们学习的是一个创世神话。没有它，就没有女娲补天；没有它，就没有后羿射日；没有它，就没有嫦娥奔月；没有它，就没有大禹治水；没有它，就没有精卫填海。它是最神气的神话，叫什么？

生（齐）：盘古开天地。

师：请同学们打开课本，大声地朗读课文，读出滋味来。

（生自由朗读课文，师巡视，生读得正确流利）

师：看来大家课前都有好好预习，这是语文学习的好习惯。那么这些词你会读吗？（屏幕出示：混沌、辽阔、茂盛、滋润、祖宗、创造）

（抽生读、齐读）

师：谁能发现这些词语中，组成词的两个字之间是什么关系？

生：两个字意思都是差不多的。

师：组成这些词的两个字意思相近，像这一类的词语在这篇课文中还有很多，课后不妨去积累积累。毕竟是这么优秀的班级，所以没有难倒大家，看看这个会不会难倒你？

（屏幕出示：飘动的云、隆隆的雷声、滋润万物的雨露、奔流不息的江河）

生：飘动的云、隆隆的雷声、滋润万物的雨露、奔流不息的江河。

师：我们一起学学他的样子来读一读，注意短语和短语之间的停顿。

（生个别读、齐读）

师：能读好还不算稀奇。你能不能根据课文的内容和你的理解，也用这样的方式来说一说。

（屏幕出示：________的神话________的盘古________的宇宙）

生：不可思议的神话，高大的盘古，美丽的宇宙。

生：混沌的宇宙，伟大的盘古。

生：美丽的神话，力大无穷的盘古，浩瀚的宇宙。

师：谁能把这三个短语连起来说成一句话？

生：在不可思议的神话里，高大的盘古把混沌的宇宙变成了美丽的宇宙。

生：不可思议的神话讲了伟大的盘古创造了美丽的宇宙。

（全场掌声）

师：把这三个短语串成一句话，就成了《盘古开天地》这篇课文的主要内容。

（二）朗读体味，揣摩“神”“话”

师：这个创世的神话到底神奇在哪里？请同学们把课文拿起来，快速地默读，把你觉得神奇的地方划出来。

生：我觉得课文开头很神奇：“有个叫盘古的巨人，在这混沌之中，一直睡了十万八千年。”

师：觉得哪里神奇？

生：因为他睡了十万八千年，可以睡那么长时间，感觉特别神奇。

师：感觉到这个沉睡的时间“十万八千年”很神奇。关于这个数字“十万八千”，你是不是也觉得似曾相识？它让你想到哪个神奇人物？

生：我想到孙悟空，他的筋斗云一翻就是十万八千里。

师：神话里面就有这样神奇的数字。十万八千年，一般人可睡不了这么长时间。（板书：神奇的数字）

生：我觉得神奇的是：“他见周围一片漆黑，就抡起大斧头，朝眼前的黑暗猛劈过去。只听一声巨响，混沌一片的东西渐渐分开了。”盘古居然把天地劈开了。

师：轻松地抡起斧头一劈，就劈开了天地。读到这里，你脑中的盘古如果用一个词来形容，可以是什么？

生：力大无穷。

生：神勇无敌。

生：高大威猛。

生：威风凛凛。

师：这里，我们看到了一个高大威猛、力大无穷、威风凛凛、神勇无敌的盘古。看来神话当中不仅有神奇的数字，也有神奇的人物形象。（板书：神奇的形象）故事还在继续，神奇还在继续。

生：我觉得神奇的是：“天地分开以后，盘古怕它们还会合在一起，就头顶着天，用脚使劲蹬着地。天每天升高一丈，地每天下沉一丈，盘古也随着越长越高。”盘古居然可以把天地都撑开来，而且他的身体还会不断增长。

师：体会得真好。

生：我觉得神奇的是：“盘古累得倒下后，他呼出的气息，变成了四季的风和飘动的云；他发出的声音，化作了隆隆的雷声。他的双眼变成了太阳和月亮；他的四肢，变成了大地上的东、西、南、北四极；他的肌肤，变成了辽阔的大地；他的血液，变成了奔流不息的江河；他的汗毛，变成了茂盛的花草树木；他的汗水，变成了滋润万物的雨露……”

师：真了不起。一口气把那么长的一段文字读下来，还不多一字，不少一字，不倒一字。我想问问，你觉得这段话神奇在哪里？

生：神奇在他身上的东西都变成了宇宙中的一切。

师：没错。这种神奇的变化让我们觉得不可思议。（板书：神奇的变化）你信吗？

生：我信。虽然我知道天地不是这么来的，但是从这个故事中，觉得好像真有这样一个盘古开辟了天地、创造了宇宙一样。

生：我也信。因为故事讲得让人觉得很真实。

师：犹如身临其境一般。那是因为在神奇的故事中，充满了神奇的想象，尽管有许多的不可思议，但这些想象并不是漫无边际、天马行空的。你发现了吗？

生：故事里说："轻而清的东西，缓缓上升，变成了天；重而浊的东西，慢慢下降，变成了地。"我觉得就很合理。一般都是轻的东西容易上升，重的东西容易下沉。

生：还有："天每天升高一丈，地每天下沉一丈，盘古也随着越长越高。这样不知过了多少年，天和地逐渐成形了，盘古也累得倒了下去。"从这里可以知道，盘古每天在长大，所以当他累得倒下后，身体就大得可以创造整个宇宙了。

生：还有写盘古的变化："他呼出的气息，变成了四季的风和飘动的云；他发出的声音，化作了隆隆的雷声。"这也很合理。因为盘古是个巨人，他发出的声音肯定很大，所以化作隆隆的雷声。气息要比声音轻，所以是风和云。

生：我给他补充一下。那个云，现在科技表明都是由气体组成的，而课文当中也是由盘古呼出的气息，所以我觉得比较合理。

生：还有，他的双眼因为都是球状的，太阳和月亮也是球状的。

生：我觉得他的汗毛变成了花草树木也很准确。因为汗毛本身就是有的长有的短，就像有的是草有的是树木。

生：因为盘古特别大，所以四肢也会特别长，所以就变成了东、西、南、北四极。

师：慢慢地，我们发现，我们的祖先并不是天马行空随便想象的，他们每次想象、每次创造都很合理。

生：想得很有根据。

师：比如说我让他的双眼变成隆隆的雷声，合适吗？

生：不合适。

师：如果我说让他的血液变成辽阔的大地，合适吗？

生：不合适。

师：所以你看，神话当中不仅要有神奇的数字、神奇的形象、神奇的变化，还要有合理的想象、贴切的语言，每一个细节都能想得入情入理，这样的神话才会让人觉得真实可信。（出示盘古的变化）一起来读一读，我读前面部分，你们读后面部分，看看我们有没有默契。（师生对读）

他呼出的气息，变成了四季的风和飘动的云；

他发出的声音，化作了隆隆的雷声。

他的双眼变成了太阳和月亮；

他的四肢，变成大地上的东、西、南、北四极；

他的肌肤，变成了辽阔的大地；

他的血液，变成了奔流不息的江河；

他的汗毛，变成了茂盛的花草树木；

他的汗水，变成了滋润万物的雨露……

师：变完了这一切，盘古已经累得倒下去了，他用他的整个身体创造了我们生活着的美丽的宇宙。如果现在让你用一个词来形容盘古，你会用什么？

生：我觉得盘古很伟大。因为盘古倒下后化作了美丽的宇宙，让人们幸福地生活。他值得我们永远怀念。

生：盘古很仁慈、很无私，他把自己都献出去了。没有他就没有我们这个宇宙世界，也就没有我们人类。他真让人敬佩。

生：盘古不怕困难，也不怕艰辛。

生：还有，盘古也不怕孤独。

师：没有盘古就没有天地宇宙，就没有日月星辰，就没有江河湖海，就没有草木鸟兽，也就没有我们的存在。盘古的伟大就在于，他不仅把天地分开，创造了宇宙，还将自己身体的所有部分都化作了整个宇宙。顺着这样的想象，你能将课文当中没有提到的补充完整吗？比如盘古的头发、牙齿都化作了什么呢？请发挥你的想象，也来学着我们的祖先说说盘古身体的变化。（学生练笔）

盘古倒下后，他的身体发生了巨大的变化。

……

他的头发，变成了（　　）的（　　）。

他的牙齿，化作了（　　）的（　　）。

他的（　　），变成了（　　）的（　　）。

生：他的头发变成了茂密的藤蔓。

生：他的头发变成了柳树的枝条。

生：他的牙齿化作了丰富的矿石和金银财宝。

生：他的牙齿化作了高大的山脉。

生：他的头颅变成了美丽的地球。

生：他的身体化作了一座座高大的山。

生：他的耳朵变成了能种花草树木的土地。

生：他的指甲变成了丰富的肥料。

生：他的指甲变成了悬崖峭壁。

师：好，你们真敢想，而且都能像我们的祖先一样想得既大胆又合理。想知道古书上是怎么说的吗？请看大屏幕。跟我读，我念一句，你们也念一句。

气成风云，声为雷霆，左眼为日，右眼为月，四肢五体为四极五岳，血液为江河，筋脉为地里，肌肉为田土，发髭为星辰，皮毛为草木，齿骨为金石，精髓为珠玉，汗流为雨泽。

师：你看，你们和祖先想的一样，头发真成了树枝藤蔓，牙齿真成了金银和矿石。就这样，人类的老祖宗盘古，用他的整个身体创造了美丽的宇宙。这样伟大、勇于奉献、仁慈无私的盘古，我们能忘记他吗？

生：不能。

师：没错，我们会永远记得他，因为记住了他，就记住了我们的民族，记住了我们的文化。

（三）创设情境，复述神话

师：我们知道，每个民族的神话都是由这个民族中最德高望重的长辈很庄重地讲给所有的晚辈听的。如果要把这个神话讲给后世子孙听，我们就得将这书本上的故事化为我们肚子里的故事。静静地回味，你会发现其实故事主要有四个场景。在一个图书出版公司的神画绘本中，这个故事是这样描绘的。（出示）请大家看着图片猜一猜分别是故事的哪个部分。

图5 《盘古开天地》绘画

（注：图片来源于《中国神话绘本：盘古开天地》，颜宝臻绘，刘铁梁改编，新蕾出版社 2010 年出版）

生：第一幅是盘古在混沌中睡了十万八千年。

生：第二幅是盘古抡起斧头，劈开了天地。

生：第三幅是盘古为了不让天地合在一起，就每天用手顶着天，用脚使劲蹬着地。

生：第四幅是盘古累得倒下后，眼睛化作了太阳和月亮，头发变成了日月星辰……

师：有人把这四个情境、四个画面变成了四个成语，请你按照课文故事的讲述，给这四个成语排排队。（出示）

天地混沌

化生万物

顶天立地

开天辟地

生：我认为是：天地混沌、开天辟地、顶天立地、化生万物。

师：说得真准确。看来你们已经把握了故事的情节。你看，神话里还总有这样神奇的情节。（板书：神奇的情节）下面我们就顺着这样的情节，看着插画，来讲一讲这个神话故事。（出示）注意你现在就是家族中最年长、最德高望重的人了。

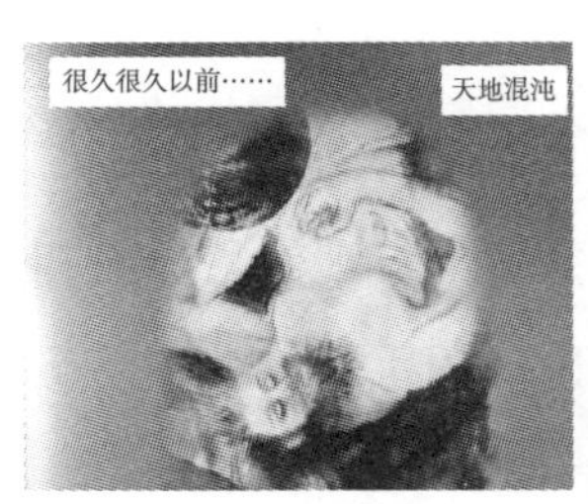

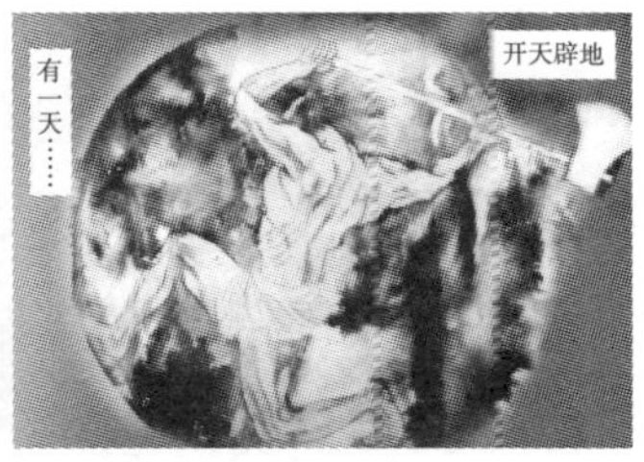

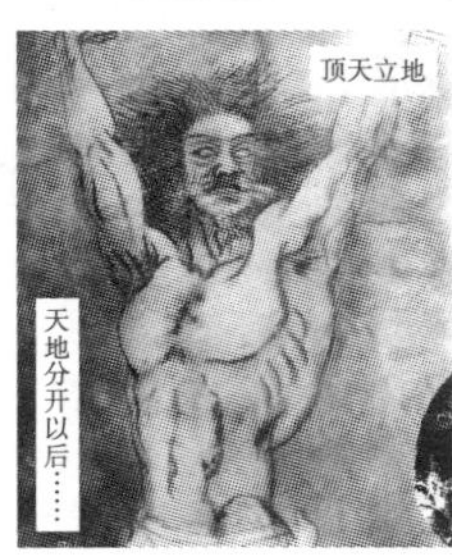

图 6 《盘古开天地》绘画情节

生：（语气平淡）很久很久以前，有个叫盘古的巨人，在天地混沌中睡觉。

师：你这是在给谁讲。

生：我儿子。

师：你这么讲故事，你儿子肯定不爱听。想象要怎么讲故事才让你的儿子愿意听。

生：我给我的孙子讲。（煞有介事）很久很久以前，有个叫盘古的巨人，在一片混沌的黑暗里一直睡了十万八千年。

师：这样的语调，这样的故事，讲起来就有点意思了。你的孙子的注意力马上被你吸引了。尤其是讲到一直睡了十万八千年，一字一顿，神奇的数字马上吸引住了他。再接着往下讲，第二幅。

生：我给我孙女讲。有一天，盘古忽然醒了，他看见周围特别黑，心想："这儿为什么这么黑呢？我一定要创造出光明来。"于是他抡起一把大斧头向眼前的黑暗猛劈过去。只听一声巨响，他把混沌一片的世界劈开了。

生：我会这样讲：有一天，盘古终于醒了，他见周围一片漆黑，就抡起大斧向黑暗劈去，轰隆一声巨响，天地终于分开了，第一丝光明进入了这个宇宙。（鼓掌）

师：这两位奶奶太厉害了！不仅有自己的故事，还会自己改编故事。

生：我要讲给我玄孙听。（众人笑）盘古把天地分开以后，怕他们又合在一起，他就用脚使劲儿蹬着地，用手使劲儿撑着天，天一天升高一丈，地一天下沉一丈，这样天地就成型了。

生：我要跟我外甥讲。天地分开以后，盘古害怕天地还会合在一块。他就用头顶着天，用脚使劲蹬着地。天每天升高一丈，地每天下沉一丈。这样过了不知多少年，盘古累得倒下了。

师：盘古倒下之后呢？你们的孙子、外孙都着急了。

生：我要给我的孙女讲。盘古累得倒下了，他的双眼变成了日月，他的头发变成了星辰，他的身体变成了辽阔的大地，他的气息变成了云朵，他发出的声音变成了隆隆的雷声……他的身体变成了宇宙中的一切。

师：多聪明啊，记得那么多。最后的变化，如果记不全，能讲两三个就可以，想不起来就用故事最后的一句话来总结。怎么说的？把书捧起来。

生：人类的老祖宗盘古，用他的整个身体创造了美丽的宇宙。

师：现在会讲这个特别神气的神话故事了吗？

生（齐）：会。

师：今天回家你就扮演一下老祖宗，回家去给你的爸爸妈妈讲一讲人类是怎么来的，天地是怎么产生的。给他们讲的这个神话故事叫什么？

生（齐）：盘古开天地！

（四）由篇及类，续读神话

师：同学们，其实在我们的民族当中，还有许多美丽的神话让我们觉得很神奇。你们读过这个故事吗？（屏幕出示图片）

大禹治水

很久很久以前，洪水淹没了村庄和田野，房屋倒塌了，牲畜被冲走了，庄稼也被冲毁了，人们只好四处逃荒。

见到人们受苦，鲧（gǔn）很着急，就把天上的土偷下来 去堵塞洪水。这种土叫息壤，能自生自长，永远用不完 可还是堵不住洪水。天帝知道鲧偷了息壤，大怒，命令火神把鲧处死。鲧在临死前叮嘱儿子禹"一定要把洪水治好"。

禹改变了父亲的做法，带领人们开凿了龙门，挖通了九

条河，垒起堤坝，把洪水引到东边的大海里。晚上，他常常睡在草丘山冈，天蒙蒙亮就又出发了。他的脚长年泡在泥水中，脚跟都烂了，他只好拄着棍子走路。

为了治水，禹三十岁才结婚，在家仅仅住了四天，就告别了妻子。禹治水十年，曾经三次路过家门，却顾不得进去看一看。

洪水终于退了，大地又恢复了欣欣向荣的景象。禹因此成为人们世世代代敬仰和爱戴的英雄。

图 7 《大禹治水》

（注：图片来源于《五年级语文（下）》电子课本，北京师范大学出版社出版）

生：读过，这是《大禹治水》。讲的是大禹因为洪水淹没了村庄，人们无法生存，所以治理洪水，最后成了英雄。

师：没错。洪水给人们带来了灾难，于是出现了大禹，他治理洪水，让人们安居乐业。继续看。（出示）

图 8 《女娲补天》

（注：图片来源于人教版语文电子课本）

生：这是《女娲补天》。说的是一天夜里，天突然破了一个大窟窿，山冈上燃烧着熊熊大火，许多人被火围困在山顶上；田野里到处是洪水，许多人在水里挣扎。然后女娲去找雨神、造小船，后来自己又找到五彩石补了天。

师：你发现没有？大禹治水、女娲补天，这些神话故事的开头都是发洪水啊，天破窟窿啦，都是出现一个灾难。然后谁出现了？

生：大禹、女娲。

师：没错，他们都拥有神奇的力量。然后他们制服灾难，就成了人类的——

生：英雄。

师：（屏幕出示图片）再来看看这个神话故事。

图 9 《后羿射日》

（注：图片来自于《中国神话绘本：羿射九日》，颜宝臻绘，董晓萍改编，新蕾出版社 2010 年出版）

生：《后羿射日》。

师：你可以猜猜这个故事怎么讲。

生：很久很久以前，有十个太阳，它们每天轮流去上班。它们十个兄弟都说等九天才能轮到一次太麻烦了，于是十个兄弟一起去了，然后就把大地烤干了，河床都露出来了，怪兽也出来打扰人类，人类活不下去了。

师：灾难降临，人们生活在水深火热之中。一定是这样的开头，然后谁出现了？

生：英雄后羿。后羿出现了，他想为人们除害，他就骑着马，举着弓，然后一口气射下了九个太阳。另外的九个太阳没有了，就剩下这一个了。他对最后一个太阳说，你以后要准时来上班。那个太阳答应了。

师：没错，总是这样拥有神力的英雄出现了。最后的结果一定是——

生：后羿就成为了我们的英雄。

师：所以你发现了没有，神话故事其实有一定的规律。

生：神话中都会出现一个英雄，让人们铭记他。

师：神奇的英雄形象。

生：一定会出现很多灾难。

师：神奇的故事情节。

生：每一个神话开头都是很多很多年以前。

师：都是发生在远古的时候。今天我们读了《盘古开天地》，还粗粗了解了另外三篇神话。现在我们可以说，即使不读我们也大概知道，神话故事一般都是这样讲的——

生：很久很久以前，出现了大灾难，人们无法生存。

师：接着来。

生：然后出现了一位英雄，他拥有神奇的力量。历经千辛万苦，终于降服了灾难。

生：他征服了灾难，最后就成了人们铭记的英雄。

师：这就是神话。所以每一个神话都充满了神圣的力量，都是值得我们后世子孙牢牢记住的。就像《盘古开天地》，一定也是由最德高望重的族长讲给族人子孙们听的。那你们觉得《盘古开天地》这个神话适合在什么时候讲给族人子孙们听？

生：我觉得要临终前讲。（全场大笑）我想把这个故事弄成很神秘的样子，再告诉他们。因为这是神话，而且是最神气的神话。（掌声）

师：所以要带着一点神秘色彩。

生：半夜三更的时候。因为盘古开天地就是天地混沌的时候。

师：比较符合故事的情境。

生：而且等我讲完了，再把灯打开。（众笑）

师：哦，天地开辟了。把故事和周围的环境结合起来。

生：我要等到很老很老的时候讲。因为老了才会咳嗽，在我讲很久很久以前的时候，要咳嗽两声，这样才能显示出时间很久。（众笑）

师：我们知道《盘古开天地》有四个神奇的情节。如果我要出这本图书，你觉得哪一张图片作为封面比较好？

生：我认为是第二张，因为这个故事就叫作盘古开天地，第二张图片就是他拿着斧子在开天辟地，所以我觉得挺适合的。

生：我觉得是第四张，因为第四张有一点神秘感，先给了你结局，然后再告诉你前面的内容。

师：故事显得有悬念。

生：我认为是第一张，因为第一张是开始，这样能让人思考后面是怎么样的。

生：我认为是第三张，因为既不知道前面发生了什么，也不知道后面发生了什么，更想去看看了。

师：因为是中间，想象空间很大。想不想知道到底用哪一张做了封面？

生：想。

师：我绝对不会告诉你，想知道，有一个好办法。

生：去买来读读就知道了。（众大笑）

师：下课。

三、人类之母的伟大与慈悲

——《女娲补天》教学思考

《女娲补天》选编在人教版三年级下册，与古诗《乞巧》《嫦娥》，历史故事《西门豹》以及神话《夸父追日》组成单元。其中，古诗《嫦娥》脱胎于神话《嫦娥奔月》。可以说这个单元是小学教材中中国神话最集中的主题单元。《女娲补天》讲述的是创造人类的女娲在得知世界天塌地裂，人们在水深火热中挣扎后，毅然找雨神灭火、造船救人，然后又遍寻五彩石，炼石补天的故事。

整个故事语言清浅，情节起伏，颇为引人入胜。故事的开篇就与其他神话故事的开篇迥然不同："自从女娲创造了人类……"一般来说，神话故事往往以"很久很久以前"开篇，而本文则以"女娲造人"的故事引出。也正是这样的开头，不仅让读者明白女娲曾有过造人的伟大功绩，还把我们一下子带回到远古人类初生时的苍茫大地。如此简单舒朗的开篇也因为包含着"女娲造人"这样一个重要的隐性文本而显得厚重，教学中教师可以尝试课前让学生阅读《女娲造人》的故事，以丰富背景知识，增加对女娲伟大形象的感知。

课文接着这样描述："大地上到处是欢歌笑语，人们一直过着快乐幸福的生活。"要特别关注其中的"到处欢歌笑语""一直快乐幸福"。"到处"和"一直"既有空间的无处不在，也有时间的由始至终，所要展现的正是人们广泛而长久的幸福生活。教学中，完全可以让学生联系自己的实际生活，想象远古的人们欢歌笑语、快乐幸福的种种场面，比如"狩猎成功后围着篝火载歌载舞"，"寻找到风景绮丽的居住地"，"辛勤耕作后获得丰收"，等等。让学生用自己的语言描述这些画面，丰富课文所说的"到处欢歌笑语""一直快乐幸福"。这既是对课文语言的深入理解、切己体察，也是为接下来的深重灾难提供一个比照和感受的对象。

一句“不知过了多少年”，使得故事情节急转直下：“天哪，太可怕了！远远的天空塌下一大块，露出一个黑黑的大窟窿。地被震裂了，出现了一道道深沟。山冈上燃烧着熊熊大火，田野里到处是洪水。许多人被火围困在山顶上，许多人在水里挣扎。”这是描述天塌地陷后大地上的悲惨景象。围绕着“太可怕了”，从“天塌出现窟窿”“地裂出现深沟”“山冈燃烧大火”“田野到处洪水”“人们围困挣扎”几个方面来写，层层递进，推波助澜。在学生读得通顺连贯后，可以让学生想象当时的场景，描述一下仿佛看到怎样的景象——那些好不容易搭建的房屋，那些肥沃的田野，那些欢歌笑语的场面，是怎样被水火吞噬而消失殆尽，大地上又是怎样的恐怖景象；还可以聚焦“围困”“挣扎”两个词，想象人们内心的恐惧。教学中，老师还可以适时引入《共工怒触不周山》的神话故事，讲述天塌地裂的原因。如此，形成对“可怕”场景的循序渐进、回环往复的体验，真切感受人们的无助和无奈、人类处境的岌岌可危和生命的脆弱。

灾难呼唤救世的英雄。慈悲的女娲自然是坐不住的。人类就是她创造的，她自然对人类充满感情，这种天然的母性使她“难过极了。她立刻去找雨神，求他下一场雨，把天火熄灭。又造了船，好救出挣扎在洪水中的人们”。然而这一切只治标不治本，女娲必须冒着生命危险去补天。

首先必须找到补天的原料：“她跑到山上，去寻找补天用的五彩石。她原以为这种石头很多，用不着费多大力气。到山上一看，全是一些零零星星的碎块。她忙了几天几夜，找到了红、黄、蓝、白四种颜色的石头，还缺少一种纯青石。于是，她又找啊找啊，终于在一眼清清的泉水中找到了。”可以想象寻找五彩石的艰难。第一重艰难是当时的环境：五彩石在山上，而此时的山冈，到处都燃烧着熊熊大火，她必须冒着浓烟，穿过火焰去寻找，随时都有被大火吞噬的危险。第二重艰难是当时的现状：山上全是零零星星的碎块。原先以为毫不费力的事，现在却陡然变得无限困难。于是她忙了几天几夜，不眠不休，总算找到四种。第三重艰难是纯青石的稀缺，又让她费尽心思。从文句中的“找啊找啊，终于”可以感受到寻找过程之难、时间之长。这也使得整个故事更加跌宕起伏，增加了奇幻性和可读性。那么为什么要寻找的是五彩石，而非七彩石或者其他呢？这与我们传统文化中“五色”的含义是异曲同工的。在中华文化中，五色对应“五行”“五音”“五味”，是古代的五种正色，其他所有颜色皆由这五色调配而来，所以现在我们形容色彩斑斓往往也用“五彩缤纷”“五光十色”“五颜六色”等。当然，课文中黑色作“蓝色”，想必是因为要泼到天上去的伏笔。

接着就是冶炼五彩石：“女娲在地上挖个圆坑，把五彩石放在里面，用神火进行冶炼。炼了五天五夜，五彩石化成了很稠的液体。”这符合人类童年时期的思维，也符合冶炼的基本规律。五天五夜呼应着“五彩石”，展现了神话中才有的神奇的数字。教学中，应当引导学生关注这些有意思的数字，这些数字的背后往往隐藏着雄浑的想象力和源远流长的民族文化，值得探究。

最后是补天：“女娲把它装在一个大盆里，端到天边，对准那个大黑窟窿，往上一泼，只见金光四射，大窟窿立刻被补好了。”真是炫目！女娲的神异伟大在壮阔的补天过程中一览无余。“装”“端到”“对准”“一泼”，如此一气呵成，相比寻找原料的艰辛，冶炼和补天显得相对顺利和轻松。这顺利和轻松里，有着对于女娲大神形象的赞颂和膜拜，有着对于女娲无边力量的臣服和敬佩，有着对于女娲温柔灵巧的女性元素的展露。

文章的结尾写道：“现在，人们常常看见天边五彩的云霞，传说那就是女娲补天的地方。”多么自然的联想！你不得不佩服民族祖先的智慧。五彩石幻化成天边五彩的云霞，蓦然变得充满神秘感和原始的魅力。五彩的云霞成为女娲补天的一种神迹，看到这云霞，就让人想起女娲补天的壮举，想起女娲拯救人类于水火的伟大功绩，供世世代代的中华子孙缅怀。

本文的教学，可以遵循神话文体的特征，展现神话的“神”，感悟神话的“话”，领略女娲为了人类，勇于献身的慈爱和伟大。从感受神奇到寻找神迹，最终领略神圣，这当是契合神话文体的较为妥帖的教学过程。

（一）感受神奇

让学生自由朗读，交流谈论课文中的神奇景象。

1. 描绘两个场景：

（1）大地上到处欢歌笑语，人们一直快乐幸福。

（2）天塌地裂、水深火热、围困挣扎。

2. 补充两个神话：《女娲造人》和《共工怒触不周山》。可让学生提前阅读，在课堂上即时讲述。讲述《女娲造人》，明确女娲是人类之母，满怀慈爱之心。讲述《共工怒触不周山》重在了解天塌地裂的原因，对比凸显女娲对人类的母性关爱。

3. 明确：女娲不仅创造了人类，还护佑着人类快乐幸福的生活。

（二）寻找神迹

神话需要我们共同寻找神迹。请学生阅读神话，并交流这个神话中的神迹。

1. 神奇的数字：五彩石、五天五夜、五彩的云霞。

2. 神奇的情节与形象：

（1）求雨造船：感受女娲怜悯人类的慈母情怀。

女娲难过极了。她立刻去……挣扎在洪水中的人们。

（2）找五彩石：感受女娲为了人类不辞辛苦，奋不顾身。

她跑到山上，去寻找……终于在一眼清清的泉水中找到了。

（3）神火冶炼：感受女娲对人类的关爱。

女娲在地上挖个圆坑……五彩石化成了很稠的液体。

（4）泼液补天：感受女娲的神力无边和勇于献身的精神。

女娲把它装在一个大盆里……大窟窿立刻被补好了。

3. 神奇的变化：补天的地方变成了五彩的云霞。

（三）领略神圣

1. 激情引导：就是这样的女娲，拥有无边的神力，然而又如此的慈爱与善良，默默守护着人类的繁衍生息，守护着人类的幸福安宁。她宁可献出自己的生命，也要补天消灾，为人类的安宁生活奉献自己的一切。

2. 练笔推进：面对着天边那五彩的云霞，你有什么想说的吗？

第五章

散文：摩挲语言里的情感和气息

在现行的小学教材中，散文是分布最广的文体之一，承载着重要的单元组构任务，也是核心语文训练点的担当。

散文极易让人亲近，读来高远敞亮；若细究其文字，其又是开合有度，收放自如。

学习散文，就是聆听作者内心幽微的声响，领略语言编织中漫溢出来的那幽远深邃的情味。

一、散文：摩挲语言里的情感和气息

在现行的小学语文教材中，散文是分布最广的文体之一。以人教版课程标准实验教材为例，一至六年级共有 372 篇课文，其中散文有 60 多篇，占课文总量的 17%。尤为值得一提的是，几乎每个年级都编排了散文。散文不仅承载着重要的单元组构任务，很多时候还是单元核心语文训练点的担当。

散文的文体特征约略有三点：其一，类型丰富，内容包罗万象。叙事、写景、抒情、笔记等等，几乎无所不包；民族风情、世事感想、亲情乡恋……人世繁华的一切无不可纳入其中。其二，真切自然，叙述深远明亮。散文娓娓道来的叙述如同作者在你身边喁喁而语，与你倾心畅谈，有一种光天化日里的不落色境。它所讲述的生命感悟、情怀眷恋、喜怒哀乐又都是那样独特，那样细腻精微，那样酣畅淋漓，让人身临其境，感同身受。其三，语言典范，表达情趣盎然。教材选编的散文均是经典之作，在语言表达的规范性、用词用字的新鲜与妥帖、风格的多样化等方面均有较高的语文学习和欣赏价值。

散文的教学，我曾经提出过“执其神、感其形、悟其言”的主张（可参看拙著《问道语文》）。简单说来，“执其神”即把握散文的“神”。这“神”就是作者对生命、生活以及周围世界最本真的独白，是作者即时情意的流泻和独特感受的抒发。“感其形”就是眷注作者表述和依托的物象。这些物象浸润着作者的审美情趣，弥漫着特殊的情致，我们可以通过朗读想象、唤醒经验、感受体味、举象移情等方式引导学生切己体察，直面散文中的种种“形”。“悟其言”即揣摩散文的语言。散文的语言尽管乍看起来仿佛信手拈来、肆意流泻，但细究之下，其质地纹理、节奏韵味均有独到之处。在教学中引导学生充分发现、深切感悟乃至学以致用，当是散文教学的应有之义。

这其中，“悟其言”是最吃功夫的，也是最能展现散文教学语文本位坚守的。散文的语言看似松散，但细究起来，却是密集酣畅，几乎无一处、无一字不在“神”中。这样一来，哪些要教，哪些可以不教，哪些要重点教，哪些可以顺势一带而过地教，都让老师们无所适从。

诚然，发现并聚焦于散文典型的语言现象，并加以恰切的引导，让学生能够真切感悟作者这样写而不那样写的缘由所在，并且针对典型的语言现象进行学习感悟和效仿运用，应当是散文“悟其言”的完整过程。就笔者大量的散文教学实践与研究经验来看，兹提出以下三种策略供诸君参考。

（一）聚焦直抒胸臆的语言

散文形散而神聚。表达散文之“神”、直抒作者胸臆的语言应当成为我们首先聚焦的对象。

四年级课文《乡下人家》一直很受老师们的青睐，就是因其语言表达的舒展亲切。作者描写的江南一带乡下人家的生活，一切都是闲适顺意、天高地阔的，所以在语言表达上就透着亲切与自然。比如开篇写道：“乡下人家，虽然住着小小的房屋，但总爱在屋前搭一瓜架，或种南瓜，或种丝瓜，让那些瓜藤攀上棚架，爬上屋檐。”这种亲切自然就是通过“小小的”“或种……或种……”“让那些瓜藤攀上……爬上……”等形式的语言来漫溢的。这些语言本身就让人感到从心所欲、优哉游哉的情感状态，由此奠定了全文的情感基调。作者想要表达的乡下人家的独特迷人之处就在于，一切都是恬淡舒心的，一切都是自然和谐的，一切都是平安惬意的。不管世事如何动荡，乡下人家自有日出而作、日落而息，“不知有汉，无论魏晋”的世外桃源的宁静安然。教学中，要让学生充分关注课文语言，从中筛选那些展现乡下人家闲适安稳的独特风情的词句来慢慢体味。

比如《桂花雨》，自然就要引导学生聚焦作者写桂花香的句子，不难发现，一共有六句，分别为：①“可是桂花的香气，太迷人了。”②“桂花盛开的时候……没有不浸在桂花香里的。”③“摇呀摇……好香的雨啊！”④“全年，整个村子都浸在桂花的香气里。”⑤“杭州有一处小山，全是桂花树，花开时那才是香飘十里。”⑥“这里的桂花再香，也比不上家乡院子里的桂花。”将筛选出的这六个句子，加以上下拈连，阅读比较，会发现作者所讲述的是故乡的桂花香，体现着浓郁的故乡情，故而这六个句子正是作者乡情所系的自然流露。

再比如《匆匆》，自然要引导学生全力关注最能表达作者对时间匆匆流逝的无奈和慨叹的语言现象。最典型的当属课文第三自然段中的句子：“洗手的时候，日子从水盆里过去；吃饭的时候，日子从饭碗里过去；默默时，便从凝然的双眼前过去。我觉察他去的匆匆了，伸出手遮挽时，他又从遮挽着的手边过去……”仔细阅读，你会发现作者在这里不仅把看不见摸不着的时间写得可触可见，而且从日常生活的小事写起，特别能引起人们的共鸣。在此基础上，教师可以引导学生结合自己的生活实际写一写这样的句子，比如：阅读的时候，日子从书页间翻过；跑步的时候，日子从步履间穿过……如此一来，学生不仅对语言有所感悟，而且能学以致用。这一从读到写的过程，不仅训练了语言，而且对时间流逝的匆匆也有了切身的体会。

在阅读散文时，引导学生切准作者的表达意图，梳理出直抒作者胸臆的语言，加以比较揣摩、细细回味，是聚焦散文核心语言现象的最为普遍也最为有效的方式。这是因为，展现散文之“神”的语言和意象必定是作者用尽思量、费尽斟酌后诞生的，自然也是一篇散文语言的精华所在。

（二）聚焦表达典范的语言

散文的语言虽然看似信步闲庭，却并不是我们想当然的随意随性。它们不仅完全展露着作者的写作风格，而且在表达的典型性和示范性方面颇有嚼头。

比如我们所熟悉的《鸟的天堂》，巴金先生的文笔看似恬淡，却非常具有典范价值。其中有一段写到鸟儿们喧闹的场面："大的，小的，花的，黑的，有的站在树枝上叫，有的飞起来，有的在扑翅膀。"这是非常典型的描写场面的语言。我们在引导学生朗读体味之后完全可以让学生仿写自己生活中的一种场面，如操场上运动的场面、广场上活动的场面等等。就用这样的方式：广场上一下子热闹起来：________的，________的，________的，________的，有的________，有的________，有的________。

季羡林先生的《自己的花是让别人看的》一文中描写德国街头上的花："家家户户的窗子前都是花团锦簇、姹紫嫣红。许多窗子连接在一起，汇成了一个花的海洋，让我们看的人如入山阴道上，应接不暇。"这是典型的"描写结合想象"的叙述方式。很多写景散文都会用到这样的由描写到想象、由写实到写虚的叙述方式，为的是唤醒读者的生活体验，从而吸引读者参与场景的再造。教学中，完全可以将课文语言转化成丰富绚丽的场景：假如你现在就来到了德国的大街上，你抬头一看，会看到什么？你轻轻地吸吸鼻子，能闻到什么？你仔细倾听，仿佛听到什么？才看完这条街，走到另一条街，你又看见什么？哪怕拐进一条人迹罕至的小巷，你抬头一看，还能看到什么？如此一来，就激活了学生的生活经验，调动了学生的语言和想象，使其更好地再造课文所描述的场景。

这样的散文教学把语言化为丰富的视像、虚拟的场景，可以让学生真正体味到表达方式的魅力。同时，也完全可以让学生好好揣摩写景散文"描写结合想象"的表达方式，实现化用，最终悟得散文典型语言的表达特点。

（三）聚焦节奏鲜明的语言

相比于其他文体，散文的语言形式更为生动活泼，在语言的节奏上也更加具有表现力。细揣许多描写场景风物的散文，可以想见作家内心不由自主起了律动，便形之于文字，在句式的长短、语言的对仗和语势的起伏上形成了特殊的表现力。

比如四年级课文《观潮》中描写潮来时的场面："那条白线很快向前移动，逐渐拉长，变粗，横贯江面。再近些，只见白浪翻滚，形成一道六米多高的白色城墙。"与前后文相比，这段话语言显得特别短促，一系列动词"移动""拉长""变粗""横贯""翻滚""形成"展现出了潮来时的汹涌迅捷、浩浩荡荡。教学时，可以通过比较的方式，让学生感受语言的节奏，琢磨如果不是这样的短句，不是这样一组动词的连续接转，还能表现出潮水喧嚣奔腾的动态吗。

五年级课文《威尼斯的小艇》写船夫的驾驶技术特别好，用了如下的文字："行船的速度极快，来往船只很多，他操纵自如，毫不手忙脚乱。不管怎么拥挤，他总能左拐右拐地挤过去。遇到极窄的地方，他总能平稳地穿过，而且速度非常快，还能作急转弯。"从上文写船舱的舒缓悠闲转为行船的紧张激越，全凭作者对语言节奏的变化和控制。在这里，作者从"不管……总能……"写到"遇到……总能……"形成由概述到具体，由一般到特殊的表达结构，且都以短句，辅以诸如"极""很""毫不""怎么""非常"等大量的程度副词，描绘出威尼斯河道上惊险刺激的驾船之旅。

在《彩色的非洲》中，语言节奏更为鲜明，而且作者大量运用排比、对仗的形式，使语势像是和着非洲鼓的鼓点层层推进一般："非洲的花之所以多，是因为那里的花开花，草开花，灌木开花，许多树也开花……（蝴蝶）颜色不仅有赤橙黄绿青蓝紫，而且在不断地变幻着，交织着，渗透着，辉映着……"这样的语言如前赴后继的彩色波浪冲击着读者，更令人感受到这多姿多彩的非洲世界的人们那强烈的热情、无限的活力。

因此，在散文教学中，聚焦表现力凸显的、节奏鲜明的语言，也是确定散文典型语言现象的重要方式。尤其是展现景物与独特风情的散文，作家迎合着自己内心的律动，将语言通过恰当的编排，营造出了特殊的节奏。如果我们在阅读中能仔细聆听，通过朗读、体味，辅以相应的民族风情音乐等方式，使学生感受到这样的语言节奏，散文的教学自将更加生机盎然、酣畅淋漓。而这种以语言节奏的变化展现景物风情的方式，也是我们可以尝试让学生学习和运用的、较为高阶的语言表达形式。

二、看得见的时光匆匆

——《匆匆》教学思考

《匆匆》是课程标准实验教材六年级下册第一组的课文，它描绘的对象是“时间”，这是非常抽象、空灵的概念。一直以来，有诸多的名言警句提醒人们珍惜时间，比如“莫等闲，白了少年头，空悲切”，然而这种精练含蓄的话语对缺乏生活阅历、思维还处在感性阶段的学生来说并不具备“直指人心”的力量。而《匆匆》则不同，朱自清先生以他丰富的想象力和敏锐的感受力，捕捉住了时光匆匆流逝的脚步，不仅使它有了伶俐的身段，甚至还赋予它眨巴着的俏皮狡黠的眼睛。文章的最后，作者怀着无奈和不甘呐喊着：“为什么偏要白白走这一遭啊？”有了前面形象直观的“象”，在这里“珍惜时间”这个朴素的“理”显得那样亲切、真诚而饱含力量。文章最后，一句呼应开头的设问，使流动的气韵绵绵不息，令人不胜唏嘘。

教学本文，在内容的确定和策略的选择上笔者有以下的思考。

（一）在诵读中感受语言韵律，涵养审美情趣

《匆匆》读起来琅琅上口，这不仅是因为文章的语言真诚朴素，更重要的是字里行间透出的旋律感和节奏感。比如开头：“燕子去了，有再来的时候；杨柳枯了，有再青的时候；桃花谢了，有再开的时候。但是，聪明的，你告诉我，我们的日子为什么一去不复返呢？——是有人偷了他们罢：那是谁？又藏在何处呢？是他们自己逃走了罢：现在又到了哪里呢？”这组排比长短句错落有致，本身就是富有节奏感的；而且所选择的事物“燕子”“杨柳”“桃花”都是那么轻盈美好；再加上句子本身都比较短促，因此，我们在朗读的时候会有一种“大珠小珠落玉盘”的感觉。再来看看这猜测：“有人偷了他们罢”“他们自己逃走了罢”，充满着朴拙、稚趣的味道，连续的发问又显得那

么轻巧可爱，自然营造出一种轻松、美好的律动感。更为值得关注的是，因为是排比，句式相仿，字数相等，每句的最后一词也相同，自然韵脚就完全一致。后边的语言最后也都落到相同的字上，回环复沓，前呼后应。教学时，我们要让学生有滋有味地诵读，提醒他们注意音量上的控制，使其在一遍又一遍的诵读中感受语言的节奏和韵律。我们还可以通过对读、接读、个别读的形式，强化甚至夸张这种节奏和韵律。

再比如："洗手的时候，日子从水盆里过去；吃饭的时候，日子从饭碗里过去；默默时，便从凝然的双眼前过去。我觉察他去的匆匆了，伸出手遮挽时，他又从遮挽着的手边过去……"仍然是这样的长短句形成的排比句列，读起来如同淙淙流淌的溪流，轻快活泼。

在文章的最后："我留着些什么痕迹呢？我何曾留着像游丝样的痕迹呢？我赤裸裸来到这世界，转眼间也将赤裸裸地回去罢？但不能平的，为什么偏要白白走这一遭啊？"我们发现，在这里，作者的情绪到了一个高潮，不断地质问、抨击着心灵。质问，往往需要表现得顺畅、有力，所以语言也就简短、直白。作者在写作时，完全被这样一种感觉支配着，笔下的文字自然也就恰切地表现出这种意味。在这个连续的质问中，还有着一种明晰的韵律。第一问是顺着前面的句势而出的，紧接着第二问是一种继续的推进和强调，第三问又收回来，但这种收其实是一种蓄势，就如同拳手出拳前先把手臂收回来才能发出全力一样，这股劲全贯到了第四问——"为什么偏要白白走这一遭啊？"我们在教学中一定要采用范读、接读等多种方式让学生感受到语言的这种节奏和韵律，尤其要注重"何曾""游丝样""转眼间""偏要""白白"等词语的朗读，使学生能够更好地以声求气，潜移默化地受到语言节奏和韵律美感的熏陶，并在其中感受到作者对时光流逝的无奈，对虚度人生的痛心疾首。

（二）在比较中品咂语言形式，涵养言语智慧

我们先来看这句话："在默默里算着，八千多日子已经从我手中溜去；像针尖上的一滴水滴在大海里，我的日子滴在时间的流里，没有声音，也没有影子。”为了着力表现时间流逝的无声无息，作者在这里做了一个形象的比喻——“像针尖上的一滴水滴在大海里”。请注意，作者所鼓荡起来的张力：不是简单的一滴水，而是针尖上的一滴水，那是最为细小的了；而滴入的却是磅礴辽阔、无边无际的大海。这样的渺小和浩瀚形成的对比，使语言充满了张力。它所要展现的是，在时间中的个体生命，往往都如白驹过隙，在时间之流里不过是针尖上的一滴水。也因此，我们才要倍加珍惜自己的时间，以免“头涔涔而泪潸潸”。教学中，我们不仅要让学生读懂这个句子，还得让学生从“默默”“没有声音”“也没有影子”等词里感受到时间流逝的无声无息、不知不觉。

再如：“去的尽管去了，来的尽管来着；去来的中间，又怎样地匆匆呢？”这句话的两个“尽管”之中，包含着几多无奈和伤感啊！如若是“去的去了，来的来着”这样的表达，则意味全无，作者无奈、感伤的情绪也全被抽空。但有了“尽管”，蓦然能感觉到那时间并不是我们可以左右，可以呼“来”唤“去”的，而只能眼睁睁地看着它来来去去，我们束手无策。这不禁让我想起“子在川上曰：逝者如斯夫！不舍昼夜”的感叹来。不妨让学生多读几遍，边读便回味，嚼一嚼“尽管”里边蕴涵的意味。

最为精彩的是这样的描述：“洗手的时候，日子从水盆里过去；……我觉察他去的匆匆了，伸出手遮挽时，他又从遮挽着的手边过去，天黑时，……我掩着面叹息。但是新来的日子的影儿又开始在叹息里闪过了。”在这里，我们不得不惊讶于作者纤细敏锐的感受和生动传神的笔法。从日常的生活起居入手，时间从水盆里过去，从饭碗里过去，从凝然的双眼前过去。如此，我们已经能够感受到时间的步履匆匆了，但还没能足够地营造出“一去不复返”的紧张感，于是作者紧跟一句：“觉察他去的匆匆了，伸出手遮挽时，他又从遮挽着的手边过去。”真是妙啊！仅这一句，那种对时间无法留驻的惊讶和无奈，那种对时光匆匆的心痛和懊悔表现得淋漓尽致。作者并不停笔，而是再宕一笔："伶伶俐俐地从我身上跨过，从我脚边飞去了……又溜走了一日。"与刚才的"过去"不同，在这里，时间是"跨"，是"飞"，是"溜"。可见，时间一是速度加快了，二是更加悄无声息了，因为睡眠中的我们更不容易觉察到时间的飞快流逝。最令人叫绝的是最后的一笔："掩着面叹息。但是新来的日子的影儿又开始在叹息里闪过了。"简直是防不胜防，留不胜留啊！时间就这样不管不顾地向前奔流，根本不会因为你的叹息而同情你，也不会因为你的捶胸顿足而施舍你。我们在教学中，可以让学生试着把其中的"我觉察他去的匆匆了，伸出手遮挽时，他又从遮挽着的手边过去"和"我掩着面叹息。但是新来的日子的影儿又开始在叹息里闪过了"两句略去，再进行比较，相信一读就能感受得到其中的不同。

朱自清先生毕竟是一位具有良好审美感觉，并且能够灵性地驾驭文字的作家。你看，通篇的格调都是那么清淡、优雅，有限的物象表达的却是无限的思绪。我们还可以发现，作者笔下的"燕子""桃花""轻烟""微风""薄雾""初阳""游丝"都是那样灵动秀美、轻盈飘忽的事物，将这些事物编织在文章的字里行间，贯穿于文章的始终，自然使整篇文章都漾出清新和谐的美感来。

在本篇作业的设计上，笔者以为可以重点做两件事。一是搜集关于时间的名言、警句、格言，并尝试着从文本中找到相应的语言，互为印证。二是可以仿照文中"洗手的时候，日子从水盆里过去"的写法，再具体、细腻地描写几句，形象地表达出时间流逝的步履。

三、在学语习文的酣畅中领略非洲风情

——《彩色的非洲》教学思考与教学设计

教学思考

《彩色的非洲》是人教版语文教材五年级下册第八单元的一篇略读课文，这组课文还包括《自己的花是让别人看的》《威尼斯的小艇》《与象共舞》，分别展现的是欧洲、亚洲和非洲的独特风情。相比而言，《彩色的非洲》结构更加严谨，层次更加清晰，语言更加集中鲜明。阅读本文，你会感觉到面前铺天盖地、令人目不暇接的鲜艳的色彩。就文章的语言来看，主要有以下四个特点。

第一，结构严谨、首尾呼应。一方面，文章开头“非洲真是一个色彩斑斓的世界啊！”和结尾“啊，非洲，好一个多姿多彩的世界！”两个感叹句独立成段，都是一种自然流露的由衷慨叹，正好形成一唱一和之势，呼应课题中的“彩色”，形成紧致的文本框架。另一方面，文章又分别从蓝天骄阳、植物世界、动物世界、非洲人的日常生活以及艺术风情五个方面描画出一个色彩斑斓、多姿多彩的非洲，折射出非洲在自然景观、日常生活、艺术生活等领域五彩缤纷的特色。

第二，层次分明，过渡自然。从彩色之源“赤道骄阳”写起，“植物世界”“动物世界”“人们的日常生活”“艺术风情”都用一个个层层推进的过渡句进行过渡。如：“非洲不仅植物世界是彩色的，动物世界也是彩色的。”“非洲人的自然景观是彩色的，非洲人的日常生活也无一不是彩色的。”值得一提的是，这些过渡句不仅都安排在每段的第一句，而且在表达上富有变化。“不仅……也……”“是……也无一不是……”“……也……”等多样的表述使前后的句子不致重复和呆板。此外，就每个部分来说，也有多个角度和层面的展开描述。

比如以“非洲的艺术也是彩色的”来说，就是从绘画是彩色的、工艺品是彩色的、音乐和舞蹈是彩色的这三个层面来写的。这使得整个文本的叙述架构脉络分明、有条不紊。

第三，多采用由概述到具体、由一般到特殊的写法。写得最详尽丰富的是植物、动物和人们的日常生活，写法上也都是由概述到具体，由一般到特殊。比如写到动物，首先列举了动物园里都会有的色彩缤纷的动物，接着一句“也许你会说，这些动物在我国的动物园大都会看到。可是多达一万四千多种的非洲蝴蝶，只有在非洲大饱眼福”，话锋一转，写到了非洲特有的蝴蝶，从凝固的蝴蝶工艺品和鲜活的刚果蝴蝶谷两个层面展现非洲蝴蝶的绚丽多彩。再如写到非洲的日常生活，作者从穿着的彩色写到饮食的彩色再写到住房的彩色。以住房的彩色为例，在概述“你若住在宾馆里，房内房外皆是五颜六色”之后，就列举了卡里布宾馆、乐尼拉宾馆的绿草红花，多姿多彩。

第四，语言生动、节奏鲜明、联想丰富。这是全文所有的语言中喷薄出来的特点。比如：“金灿灿的阳光，映照得天空格外的蓝，好似透明的蓝宝石。”“到了开花季节，一条条街道，都成了彩色的长河。人在街上走，就像置身于花海深处。”“置身于五彩缤纷的蝴蝶世界，细细聆听这彩色小天使飞翔的轻微声韵，简直如同步入仙境。”你会发现，作者不仅运用了大量的比喻和想象，而且这些喻体紧紧贴合着所描绘的对象，使整个文本都漫溢着绚丽的色彩。此外，阅读这个文本，你会不由自主地被它的语言深深带进去，因为这个文本的语言大多短促、节奏鲜明，而且有大量排比、对仗，其语势像是和着非洲鼓的鼓点层层推进：“非洲的花之所以多，是因为那里的花开花，草开花，灌木开花，许多树也开花。”“其（蝴蝶）颜色不仅有赤橙黄绿青蓝紫，而且在不断地变幻着，交织着，渗透着，辉映着。”“（卡里布宾馆）满眼都是鲜花爬满的围墙，鲜花点缀的庭院，鲜花铺满的小径。”“非洲人的绘画——无论是木雕挂画、沙画，还是龟壳画、蝴蝶画，是彩色的；非洲人的工艺品，无论是黑木雕、灰木雕，还是象牙雕，是彩色的……”

这样的语言如前赴后继的彩色波浪冲击着读者，让人感受到这多姿多彩的非洲世界的人们那强烈的热情、无限的活力以及他们对于自然的敬畏与感恩。

基于以上对文本的解读，笔者认为，在本课教学中可以大胆地脱开对个别字词的纠缠，而切准略读课文的特征，围绕略读提示，聚焦语言表达，从“情境体验”“内容把握”到“写法领悟”再到“交流展示”，循序渐进，极力展现出课文语言表达的特色与非洲别样的民族风情。

（一）蓄势、体验和梳理

首先引导学生聚焦课题。题目往往是文章的眼睛，这个题目的核心词汇就是“彩色”二字，开门见山，一目了然。这是第一层面的蓄势和聚焦。

紧接着就播放大量图片，让学生直观地体验彩色的非洲。图片可按照课文的叙述顺序，从植物到动物到人们的日常生活最后到艺术风情，给予学生大量新鲜的感性体验，领略到非洲的彩色是渗透在每一个角落、每一抹风情中的。如此完成第二层面的蓄势。

第三层面的蓄势可以让学生带着这样的体验，通过快速默读课文找找含有彩色意思的四字词语，并按照概述和具体分成两组，如：

色彩斑斓、五颜六色、五彩缤纷、五光十色、多姿多彩

黑白相间、蓝底白花、黄底红花、红绿相间、黄中透红

引导学生进行朗读，并交流朗读感受，明确词语也是有内容、有形式、有情感、有温度的。

第四层面的蓄势可以通过适时引读来实现：面对这样一个五颜六色、五彩缤纷的非洲，我们会由衷地感叹（大屏幕出示）——

非洲，真是一个色彩斑斓的世界啊！

我们更会情不自禁地发出这样的惊呼——

啊，非洲，好一个多姿多彩的世界！

接着，顺势引导：这两句话分别在文章的开头和结尾，一句总起，一句总结，可见这篇文章是什么结构——总分总。

到这里，整整四个层次不断推进的“彩色”蓄势已经完成，学生的阅读期待也完全被勾起来了。

（二）筛选、提炼和概括

充分蓄势之后，便可以彰显略读课文的特点，让学生关注略读提示，展开课文学习。编者有这样的略读提示：“阅读课文，想一想‘非洲真是一个色彩斑斓的世界’都表现在哪些方面？结合课文和搜集到的资料，谈谈你对非洲的印象。”作为五年级学生，从真实学习起点来说，应该已经具备了基本的阅读能力，比如快速默读、筛选文本信息、作出解释等等。这篇文章结构清晰，语言集中明确，想来不是难事。所以在这个环节中，就可以让学生针对略读提示，通过快速浏览课文进行信息筛选，从而使其发现作者是从五个方面来表现非洲的彩色的。

当然，这还不是最终目标。最终目标得让学生知其然更知其所以然。于是需要继续跟进：你是怎么发现的？语文除了内容的发现，还要实现方法的习得。所以，从“怎么发现的”可以顺势而导地概括出借助过渡句、提炼中心词这样筛选信息、概括内容的方法。在此基础上，还可再进一步：谁来概括一下这篇文章的主要内容？可以结合这五个方面，也可以结合过渡句。这个过程主要是想引导学生如何把话说完整、说简洁、说准确，使其学会组织语言，用好恰当的关联词，进行有条有理、简洁明了的语言表达。在此基础上，还可以顺势再推一把：以后我们写一处景观、介绍一个事物、描述一种民族风情，都可以以这样总分总的结构方式，分几个方面写，用过渡句把几个部分联系在一起，这样就能写得丰富又饱满。

（三）学习、领悟和运用

内容的理解是语文学习的基础，然而仅仅满足于内容理解的语文教学仍然不免隔靴搔痒。语文教学还是需要有一些上位的要求，需要有一些语文本位的坚守与追寻的。本文作为略读课文，在学生充分把握文本内容的基础上，我以为可以视学生的发展状况进行一些语言表达的学习、领悟和运用。

除了严谨的结构、首尾的呼应、内容的分明和过渡的自然外，本文在语言表达上还有两个非常有价值的语言现象。

其一就是先概括后具体、先一般后特殊的写法。

教学中，我们可以尝试让学生选取其中一个片段，比如写花的片段，一起来琢磨作者是怎样写的，从而发现作者写各种各样的花时，先关注一般的花，然后聚焦到特殊的花树。明确这种写法是把文章写具体的最有效的方式。于是引导学生，看其能不能从其他几个部分中也发现作者表达形式的特点。学生很快就能发现，写动物也是从一般的动物出发，然后聚焦到蝴蝶；描述非洲人的日常生活也从一般到特殊，比如写住房，就特别介绍了卡里布宾馆、乐尼拉宾馆的布置。

我们很多学生写文章写不具体，像记流水账一样草草了事，就是因为没有像作者这样多问几个“为什么”和“怎么样”，没有由概述到具体、由一般到特殊地写。当然，课堂上不一定用这样直截了当的讲解方式，我们可以采用更为智慧的朗读体验的形式。比如全体读与小组读相结合，感受由概述（全体读）到具体（小组读或者男生、女生读），由一般（全体读）到特殊（个别读）的语言魅力，在此基础上适时点破写法特点。如此直观形象，学生可能会更好地领悟。

到这里，我们可以设置一个综合练笔：置身于彩色的非洲，我们感觉目之所及都是色彩斑斓、多姿多彩的存在，简直让人目眩神迷。我们不妨也结合刚才图片中看到的非洲风情，或者你课前查阅到的以及你读到的非洲色彩，一起再来写写彩色的非洲。请你选择一种过渡方式来开头，然后抓住彩色的非洲的一个角度来写，比如街头的工艺品是彩色的、非洲人脸上的油彩是彩色的等，从几个方面写出非洲的五彩缤纷。对自己很有信心的孩子还可以学着课文的写法，用由概述到具体、由一般到特殊的写法，发挥想象来写一写。

之所以要让学生选择用一种过渡方式作为开头，一是学习运用过渡句，二是为了让学生在练笔的时候能够在文本的整体语境下进行，而不至于脱离表达目标，信马由缰。交流点评时，一要看学生是不是写出了彩色的非洲，二要看是不是运用了课文的一些写法，三要听学生能不能介绍得正确流利。如果有学生能运用一些陌生化的色彩和语言提升表达效果，那就更值得好好聚焦、加以揣摩、示以鼓励。

其二就是语言的生动、丰富和节奏感。

本文在语言表达上是有着非常明显的格局和范式的，这些语言正是在学生的最近发展区的，所以可引导学生发现并领悟表达的形式特色，并进行相应的仿写练习。比如这个片段："非洲的花之所以多，是因为那里的花开花，草开花，灌木开花，许多树也开花。芒果树开的是……"我们就可以引导学生仔细朗读，使其发现描写玉兰树不是用"开的是"而是用"高擎着"，"火炬树"则更加铺展，由此感受到作者写法上前后的变化。在此基础上，让学生模仿着说一种花开放的样子：凤仙花吐露着迷人的芳香，在风中摇曳生姿。雏菊……再有，在描写动物世界的这一段，作者有这样的语言："也许你会说，这些动物……"这样的读者意识鲜明的语言其实是一种表达技巧，可以时时抓住读者的心，也可以让学生模仿着说一说。再如："非洲人的绘画——无论是木雕挂画……是彩色的；非洲人的工艺品，无论是黑木雕……是彩色的；非洲人强悍、粗犷的音乐、舞蹈更是彩色的。"这个句式也是非常典型的排比句式，我们可以通过接续的方式，让学生仿照着写一写，比如：非洲人脸上的油彩——无论是年轻人、老人还是孩子都是彩色的……诸如此类。一方面丰富文本内容，增加对彩色的非洲的体验；另一方面训练语言表达能力，体味分号的用法。

当然，这些语言点的学习和运用可视整个课堂情境而加以选择，语文教学也不能一蹴而就，得讲究一课一得，切不可使语言的学习和运用脱离文本语境和情感，成为消极的为语用而语用。

（四）发现、展示和交流

在教学的最后环节，就可以进行学生自主学习成果的展示和交流——来一个“非洲发现之旅”。因为单元主题是“感受异域风情”，所以可在课前安排学生进行相应的非洲体验活动：比如听非洲音乐，看非洲图片，讲非洲故事，读描写非洲风情的文章，做相关的主题小调查，制作一张非洲风情电脑小报，甚至可以要求有能力的学生在家长的协助下制作简单的非洲体验专题 PPT，比如“非洲服饰”“非洲音乐”“非洲木雕”等。因为网络信息资源非常丰富，所以完全可以放手让学生自主搜集、筛选、整理和制作，教师只需在过程中加以引导和帮助。课前可将所有学生体验成果搜集起来，课堂上则可择优让学生依据 PPT 进行讲述，也可直接将体验活动成果进行展示。无论多么稚嫩，只要学生去学习、感受、参与就行，相信在这里学生会带给我们更大的惊喜。

教学设计

（一）教学目标

1. 能以比较快的速度默读课文，并筛选文本信息，了解“非洲真是一个色彩斑斓的世界”表现在自然景观、人们的日常生活（物质生活）、艺术生活（精神生活）等方面。

2. 引导学生领悟文章结构严谨、语言集中、由概述到具体的表达特点，学习并加以延展运用。

3. 使学生对非洲的民族风情和美好产生悦纳及向往，结合自己搜集的资料一起聊聊“印象非洲”。

（二）教学重点

领悟文章的表达方法，学习并加以运用，尝试自己查找资料并进行筛选、交流。

（三）课前准备

请学生自学课文，并进行“印象非洲”的综合性学习，包括：听听非洲音乐、看看非洲自然与生活的图片、读读非洲相关的文章，要求学有余力的学生制作简单的PPT，在课堂上展示交流。

（四）教学流程

1. 未成曲调先有情

（1）激情导入：随着季羡林先生温暖的笔触，我们感受到德国这个民族奇丽的景色；著名作家马克·吐温又为我们呈现了威尼斯那独特的水上风情；赵丽宏先生铺展的泰国风情，使我们沉浸在与象共舞的欢乐气氛中不可自拔。今天，我们要走进的是风情独特的非洲。

（2）题眼聚焦：板书课题，聚焦课题关键词“彩色”。非洲民族风情的特点用一个词讲就是“彩色”。

（3）画面酝酿：播放非洲风情、非洲风光的图片，并配以音乐。呈现在我们面前的非洲真是个色彩斑斓、多姿多彩的世界啊！

（4）语言蓄势：课前老师要求大家自学课文，现在请大家再次快速地默读课文，圈一圈课文中表示“彩色”的四字词语，交流呈现。

色彩斑斓、五颜六色、五彩缤纷、花花绿绿、多姿多彩

（5）朗读复沓：抽生朗读，齐读。教师推进引读：面对这样一个五颜六色、五彩缤纷的非洲，我们会由衷地感叹——

非洲，真是一个色彩斑斓的世界啊！

我们更会情不自禁地发出这样的惊呼——

啊，非洲，好一个多姿多彩的世界！

（6）梳理结构：如果你读书够仔细，你就会发现两句意思差不多的句子分别放在文章的开头和结尾，一句总起，一句总结，可见这篇文章是什么结构方式——总分总。

2. 问渠那得清如许

（1）读懂提示：关注这个课题旁边的“※”号，我们知道这是一篇略读课文。请大家快速地读一读，看看学习这篇文章有几个方面的要求？

（2）交流明确：略读提示中共有两个要求：

一是看看“非洲真是一个色彩斑斓的世界”都表现在哪些方面？

二是结合课文和搜集到的资料，谈谈你对非洲的印象。

（3）阅读筛选：下面就请大家再次快速地浏览课文，看看非洲的色彩斑斓表现在哪些方面？找到一处你可以圈圈画画，还可以在旁边标注序号。

（4）交流归纳：

①非洲的骄阳蓝天；

②非洲的植物世界；

③非洲的动物世界；

④非洲人的日常生活；

⑤非洲的艺术风情。

（5）习得方法：你们是怎么发现的？

有些过渡句可以帮助我们筛选信息，比如（顺学生交流而引导）：

非洲不仅植物世界是彩色的，动物世界也是彩色的。

非洲的自然景观是彩色的，非洲人的日常生活也无一不是彩色的。

非洲的艺术也是彩色的。

引导：这些句子都在每一段的开头，是整段内容的概述，可以作为概括全文内容的基础。文章第三自然段说的“骄阳蓝天”是需要我们进行阅读提炼的，这也是筛选概括文本信息的一种方式。

（6）整体感知：顺着如此清晰的文本信息，谁来概括一下这篇文章的主要内容？你可以结合我们归纳出来的五个方面，也可以结合这些过渡句来说。

方式一：文章从骄阳蓝天、植物世界、动物世界、日常生活、艺术风情五个方面描写了非洲真是一个色彩斑斓的世界。

方式二：非洲无论是骄阳蓝天还是植物世界，无论是动物世界还是人们的日常生活，甚至非洲的艺术风情，全都是多彩多姿的。

特别注意引导学生充分组织语言，用好恰当的关联词，把话说完整、说简洁、说准确，切忌重复啰唆。

3. 要把金针度与人

（1）指向写法

与《自己的花是让别人看的》《威尼斯的小艇》《与象共舞》相比而言，《彩色的非洲》在写法上更清晰、更明了。你能发现作者在写法上的魅力吗？说说你的发现。学语文，不仅要学内容，更要揣摩作者的表达方法。

（2）探讨交流

通过刚才的学习，我相信大家一定对作者写法上的特点与魅力有所发现，谁来说一说？

顺着学生的言说，教师适时引导归纳其写法特点：

其一，结构缜密，首尾呼应。文章结构上采用了先概述再分述最后又概括总结的方法。既首尾照应，呼应课题，又直接抒发了作者对非洲风情与文化的赞美之情。

其二，层次分明，过渡自然。如，过渡句“非洲不仅植物世界是彩色的，动物世界也是彩色的”和“非洲的自然景观是彩色的，非洲人的日常生活也无一不是彩色的”等，都起到了承上启下的作用，使文章的表达顺理成章。

点拨：这些都是作者结构上的魅力。以后我们写一处景观、一种民族风情，都可以学习作者这样总分总的结构方式，分几个方面写，用过渡句把几个部分联系在一起，这样就能写得丰富又饱满。谁还有没有其他发现？从文本的具体的某一方面，如语言上，大家还有没有其他发现？

其三，由概述到具体，由一般到特殊。

写植物世界的五彩缤纷，作者首先总的写“满眼是绿色，处处是花海”，然后具体写“芒果树”“仙人树”“玉兰树”“火炬树”，再聚焦细节——“花树”，由一般到特殊，这样的写法更加令人信服。

动物世界的写法又有不同，作者先化开来举例写“巨蟒”“斑马”“鸟类”“梅花鹿”等，接着又聚焦到具体的一种——“蝴蝶”。这也是由一般到特殊的写法，但是既写了凝固的，也写了生动的。

日常生活则是按照非洲人的衣、食、住一层一层地讲述的。

艺术风情则主要抓住绘画、音乐和舞蹈来写。

其四，语言生动，联想丰富。如：“金灿灿的阳光，映照得天空格外的蓝，好似透明的蓝宝石。”“繁花似锦，绿海荡波，满眼是绿色，处处是花海。”“一棵似一团火，一排是一片霞。到了开花季节……就像置身于花海深处。”这些句子无不体现着语言文字本身的美和意境的色彩美，读来就像欣赏一幅幅五彩的画卷，让人赞不绝口、回味无穷。

（3）练笔反哺，语言运用

置身于彩色的非洲，我们感觉目之所及都是色彩斑斓、多姿多彩的，简直让我们目眩神迷。我们不妨也结合刚才看到的、资料查阅到的以及你读到的非洲色彩与非洲风情，一起再来写写彩色的非洲。请你选择其中的一句作为你的开头或结尾，抓住非洲一个方面、一个细节或者一种事物来写，比如街头的工艺品、非洲人脸上的油彩之类的，写出非洲的五彩缤纷。对自己很有信心的学生还可以学着课文的写法，用由概述到具体、由一般到特殊的写法，发挥想象继续创作。

非洲，真是一个色彩斑斓的世界啊！

啊，非洲，好一个多姿多彩的世界！

（4）交流练笔，指导运用

主要关注学生的写作内容是否集中展现了非洲的“色彩斑斓”，修辞手法是否运用恰当，语言是否流畅，是否有个别学生能运用一般到特殊的写法进行创作。

4. 天光云影共徘徊

（1）**展示资料**。晒晒我的“非洲风情游”，要求学生以图片、PPT、文章、音乐、绘画等素材为依托进行简单的讲述。

（2）**“印象非洲”**。著名导演张艺谋经常拍摄展现当地风情实景的影片，并起名为“印象 XX”，如印象桂林、印象西湖等等。我们能不能也来个印象非洲呢？当然不需要同学拍摄，请课后去了解中国和非洲悠久的友好历史，制作一张印象非洲的电脑小报。内容可以结合今天学习的“彩色的非洲”，分五个板块来展现，也可以是你搜集到的资料里的有关非洲其他风情与文化的。制作完成后统一发送到老师邮箱。下次我们来共同交流。

四、纵情游走威尼斯

——《威尼斯的小艇》教学实录、教学反思及名师点评

教学实录

（一）走近威尼斯

师：在百度百科上，对威尼斯有这样的描述（出示）。谁来读一读？

生：威尼斯，意大利东北部城市，由118个小岛组成，并以177条水道、401座桥梁连成一体，以舟相通，有“水上都市”“百岛城”“桥城”“水城”之称。

师：面对一个陌生的语言材料能够文通字顺地读下来，真不错。那么，从百度百科对威尼斯的描述上来看，我们看到有很多数字，比如说——

生：118个小岛、177条水道、401座桥梁。

师：我们还看到对于威尼斯，百度百科有很多称呼，比如说——

生：水上都市、百岛城、桥城、水城。

师：结合这些数字和称呼，发挥你的想象，你仿佛看到一个怎样的威尼斯？

生：我仿佛看到一条条河道像蜘蛛网一样密布的威尼斯。

师：真会联想，说得好贴切。

生：我仿佛看到一座座欧式的建筑，蔚蓝色的河道里有清澈的水流淌着，与周边的建筑交相辉映，有很多小舟，就这么摇着撸，在河道上穿梭着。

师：我特别喜欢她说的两个词：流淌和穿梭。蔚蓝的河水在河道间流淌着，小舟在桥、城间穿梭着，这就是我们想象中的威尼斯。课文的作者马克·吐温真正去到了威尼斯，他对威尼斯有这样的感受。来，

一起读课文的第一自然段。

生（齐读）：“威尼斯是世界闻名的水上城市，河道纵横交叉，小艇成了主要的交通工具，等于大街上的汽车。”

师：果然不出你们的所料，威尼斯真是一个世界闻名的水上城市。其中有一个词最能说明它的水道之多？

生：“纵横交叉”。

师：你怎么理解“纵横交叉”？

生：“纵横交叉”就是直的、横的、交叉的线密布起来的样子。

师：会从字面本身来理解，不错。这一条条纵横交叉的线，在威尼斯就是什么？

生：纵横交叉的河道。

师：还有没有人读懂“纵横交叉”？

生：我觉得鸟瞰威尼斯的话，河道就像细细的银线，错杂在一起。像我们城市里的街道一样，有十字路口，也有三岔路口，看起来很复杂。

师：用词准确，又是银线，又是错杂。于是在河道纵横交叉的威尼斯，小艇就相当于——

生：我们大街上的汽车。

师：比如我们大街上有公共汽车，威尼斯就有——

生：公共小艇。

师：我们大街上有救护车，威尼斯就有——

生：救护艇。

师：我们大街上有私家车，威尼斯就有——

生：私家艇。

师：这就是课文中说的——

生（齐读）：“威尼斯是世界闻名的水上城市，河道纵横交叉，小艇成了主要的交通工具，等于大街上的汽车。”

师：同学们联系着上下文，结合生活体验读懂了“纵横交叉”。

（二）直面威尼斯的小艇

1. 见形

师：威尼斯的小艇到底什么样？谁来介绍一下？

生："威尼斯的小艇有二三十英尺长，又窄又深，有点儿像独木舟。船头和船艄向上翘起，像挂在天边的新月，行动轻快灵活，仿佛田沟里的水蛇。"

师：请你们自由朗读，边读边根据文字在脑海中绘制小艇的样子。

（生自由读）

师：想不想见见这小艇？一起看大屏幕。这就是威尼斯的小艇。

图 10　威尼斯小艇

（注：图片来源于网络）

师：看着眼前的这条小艇，你发现它真如作者所说的那样——

生：船头和船艄向上翘起，像挂在天边的新月。

生：又窄又深，有点儿像独木舟。

师：你再看，你发现它真如作者所说的——

生：行动轻快灵活，仿佛田沟里的水蛇。

师：所以我们能很明显地感觉到，威尼斯的小艇至少有几个鲜明的特点——

生：又窄又深。（师板书）

生：轻快灵活。（师板书）

师：还有呢？

生：船头和船艄向上翘起，像新月一般弯曲。（师板书：头艄翘起）

师：（指屏幕）看着眼前的这条小艇，你发现它真如作者所说的那样——

生：又窄又深，头艄翘起，轻快灵活。

师：有人去威尼斯，他也发现了威尼斯小艇的这三个特点，他是这样写的——

生："威尼斯的小艇有二三十英尺长，又窄又深。船头和船艄向上翘起，行动轻快灵活。"

师：你看他写的小艇，特点有没有明确？

生：明确。

师：作者写的和他有什么不同吗？

生：作者在每一个特点后都会多写一句："有点像独木舟"，"像挂在天边的新月"，"仿佛田沟里的水蛇"。

师：同样特点明确地写，作者写的好在哪里？

生：作者用了这三个比喻句，让我们仿佛感觉到小艇就在眼前。

师：让我们身临其境，仿佛看见了小艇。

生：我们不可能像科学家那样对什么事物都很熟悉。像这样写，我们读来还是对威尼斯的小艇没有具体的感受，很难想象得出来。如果像作者这样用我们平常熟悉的事物作比较，威尼斯小艇给我们的感觉就容易想象出来了，就像在我们的眼前一样。

师：太厉害了！你们听明白了吗？我们没有见过威尼斯的小艇，但新月、田沟里的水蛇等是我们比较熟悉的，所以用我们熟悉的事物来比喻，就容易让我们如见其形，如闻其声。一起来读，我静静地听。威尼斯的小艇什么样？

生（齐读）："威尼斯的小艇有二三十英尺长，又窄又深，有点儿像独木舟。船头和船艄向上翘起，像挂在天边的新月，行动轻快灵活，仿佛田沟里的水蛇。"

师：又是独木舟，又是新月，又是水蛇，都是来形容威尼斯的小艇的，你发现这三个事物有什么共同的特点吗？

生：感觉这三个事物都很轻快灵活。

师：威尼斯的小艇就是轻快灵活，像田沟里的水蛇，才见它在这里，一会儿就在远处露出头来。

2. 见趣

师：看着这小艇，真想坐上去，游赏一番威尼斯的奇特景色。

生（齐读第三自然段）：“我们坐在船舱里，皮垫子软软的像沙发一般，小艇穿过一座座形式不同的石桥。我们打开窗帘，望望耸立在两岸的古建筑，跟来往的船只打招呼，有说不完的情趣。”

师：坐着小艇游览威尼斯是什么感觉？

生：很舒适，因为皮垫子软软的像沙发一般。

师：真会表达，知其然还知其所以然。

生：很有情趣，可以跟来往的船只打招呼。（板书：富有情趣）

生：我会感觉心情非常好，很轻松。我们拉开窗户，望着耸立在两岸的古建筑，可以尽情地领略风光。

师：读着这一段，感受着这一切，你会发现威尼斯人的特点，他们给小艇装皮垫子、做窗帘，说明他们——

生：很温馨、很浪漫，追求舒适。

师：他们素不相识，可能连语言都不通，却会相互打招呼，说明他们——

生：很热情！

生：很亲切！（板书：热情亲切）

师：如果没有威尼斯人的热情亲切，你刚打开窗帘，就会看到对面那条船上的人——

生：面无表情地看着你。

师：而在威尼斯，你一打开小艇上的窗帘——

生：就会有很多人热情地跟你微笑。

生：他们的船夫可能还会高歌一曲。

师：噢，我现在就是那个来到威尼斯的中国游客，你就是威尼斯的船夫，也可能是坐着船的乘客，我把窗帘打开——

生：嗨！（热情地打招呼，却不好意思唱歌，憨憨地笑着）

师：嗨！

师：你虽然没有唱歌，但我已经明显地感受到你的笑容带给我的、传递给我的——

生：热情亲切。

3. 见境

师：不过坐小艇最让我印象深刻的，不是热情亲切，也不是富有情趣，而是威尼斯船夫的驾驶技术特别特别好。拿起书，一起来读。

生（齐读第四自然段）："船夫的驾驶技术特别好。行船的速度极快，来往船只很多，他操纵自如，毫不手忙脚乱。不管怎么拥挤，他总能左拐右拐地挤过去。遇到极窄的地方，他总能平稳地穿过，而且速度非常快，还能作急转弯。两边的建筑飞一般地往后倒退，我们的眼睛忙极了，不知看哪一处好。"

师：看看船夫的驾驶技术哪里好？

生：行船速度极快，来往船只很多，他却能操纵自如，毫不手忙脚乱。

师：什么是操纵自如？

生：想左拐就左拐，想右拐就右拐，想调头就调头，非常灵活。

生：不管怎么拥挤，他总能左拐右拐地挤过去。从这个"不管、总能"中感受到船夫的驾驶技术特别好。

生：遇到极窄的地方，他总能平稳地穿过！如果是我，肯定会撞到旁边的建筑物。

师：不仅能平稳地穿过，而且——

生：速度非常快。

师：不仅速度非常快——

生：还能作急转弯。

师：每一次似乎都要撞着了，又平稳地穿过去了。每一个转弯都像是在挑战极限，这真叫操纵自如！谁能通过朗读就让我们感受到船夫的驾驶技术特别好？

（指名生读，开始有点不畅，越读越顺）

师：这位船夫的驾驶技术确实非常好。虽然一开始有点不稳，但后来驾驶得越来越好。谁再来驾驶一下威尼斯的小艇？

（指名两生读，教师评价）

师：三位船夫的驾驶技术都不错，操纵自如，干脆利落。仔细听你就知道，读好哪些词最能体现船夫的驾驶技术好。把这些词圈出来。

生：“不管”“怎么”“总能”“而且”“还能”。

师：你发现没有，这些都是什么词？

生：关联词。

生：正是这些关联词，淋漓尽致地展现了船夫的驾驶技术之高。来，读好这些关联词，把船夫的驾驶技术展现出来。老师和大家配合着来读，看看我们有没有默契，驾驶技术够不够好。

师：“船夫的驾驶技术特别好。

生：行船的速度极快，来往船只很多，他操纵自如，毫不手忙脚乱。

师：不管怎么拥挤——

生：他总能左拐右拐地挤过去。

师：遇到极窄的地方——

生：他总能平稳地穿过，而且速度非常快，还能作急转弯。

师：两边的建筑飞一般地往后倒退——

生：我们的眼睛忙极了，不知看哪一处好。”

师：我们不得不由衷地感叹——船夫的驾驶技术特别好！看着大屏幕，现在遇到的是特别窄、急转弯特别多的一条水道，谁能来读给大家听？

船夫的驾驶技术特别好。行船的__________，来往__________，他__________，毫不__________。不管__________，他总能__________。遇到__________，他总能__________，而且__________，还能__________。两边的建筑飞一般地__________，我们的眼睛忙极了，不知看哪一处好。

（生填空读，非常流畅）

师：哇，看着驾驶技术这样好的船夫，你想说什么？

生：我想给她掌声！

师：哪个船夫再来接着驾驶？

（生填空读）

师：这样的小艇你们愿不愿意坐？想不想坐？看着大屏幕，一起读！

（生齐声填空读）

师：从这些左拐右拐，又是穿行又是急转的船夫身上，我们看到的已经不是一个船夫了。他简直就是一个——

生：他简直就是一个杂技演员。

生：他简直就是一个艺术家。

师：是的。他简直就是一个艺术家，从这些驾驶小艇的艺术家身上，我们也可以发现威尼斯人的特点——

生：反应很快。

生：临危不惧。

生：敢于尝试新鲜事物。

生：敢于冒险。

师：我们一下子都能感受到威尼斯人的特点和风情。（板书：敢于冒险）你们敢不敢这样地冒险？

生（齐）：敢。

师：好！我们也来试一试。在威尼斯，不仅能看到驾驶技术特别好的船夫，你还能在街头遇到在写生的画家，能看到在吹萨克斯的演奏家，能观赏到在表演喜剧的演员，他们的水平也是特别的高啊。你能不能也像作者一样，试着运用这样的写法，写一写威尼斯的那些独特的风景。请大家拿出作业纸，完成第1题。有能力的同学可以挑战第2题。选择一个对象，用上这样的关联词也来夸一夸他们。

①他的___________特别好。不管___________，总能___________。遇到___________，他总能____________________。

②他的__________特别好。不管__________，总能__________。遇到____________，他总能___________，而且___________，还能_____________。

（生反馈）

生：他的演技特别好，不管遇到怎样的事故，总能临危不惧地完成表演。遇到忘记台词时，他也总能急中生智，自己把词编下去。

师：在威尼斯街头看着演技如此精湛的演员表演，真让人意犹未尽。

生：他的画技特别好，不管是来往的船只，还是运河边即将坠落的夕阳，他总能生动地画下来。遇到漾着微波的河水，他也总能描绘出其中的意境。

师：这样高超的画技真让我叹为观止。

生：他的吹奏水平特别好，不管多么难的曲子，他总能流畅自然地吹下来。遇到节奏极快、变化丰富的部分，他总能完整地吹奏下来，而且吐音清晰、旋律优美，还能边吹边扭动着身体，踩着节奏，把旁边的人都感染得情不自禁地动起来。

师：来到威尼斯，不仅感受到船夫的驾驶技术特别好，而且还能看到这样技艺高超的艺术家，威尼斯真让人向往啊！这真是一个充满了艺术气息的城市。

（三）小艇承载的威尼斯

师：来到威尼斯，你会发现，威尼斯人根本离不开小艇。到底如何呢？一起来看当地人们的工作与生活。

（生默读第五自然段）

师：你可以想象，当每一个黎明来临的时候，不仅商人、青年妇女、孩子、保姆、老人都要带全家坐上小艇，还会有很多其他职业、其他身份的人也要坐上小艇开始一天的工作与生活。发挥你的想象，在河道纵横交叉的威尼斯，你仿佛还看到谁坐着小艇去干什么？

生：画家坐着小艇，拉开窗帘去写生。

生：服装设计师坐着小艇，根据两岸的古建筑，启发自己的设计灵感。

生：音乐家坐着小艇，听着波浪荡漾的声音，创作音乐。

生：姐姐坐着小艇去上学。

生：阿姨坐着小艇去买菜。

生：医生带上听诊器，夹着医疗箱，匆匆坐上小艇去治病。

生：教师夹着教案，带上教具，悠闲地坐着小艇去上课。

生：邮递员背着邮包，坐着小艇去送邮件。

师：除了工作与生活，威尼斯人的娱乐也离不开小艇。你看，半夜，戏院散场了——

（生齐读第六自然段）

师：这轻快灵活的小艇承载着威尼斯人的工作，更承载着威尼斯人的生活与娱乐。随着小艇的渐渐消失，水面上也渐渐沉寂。（出示）

水面上渐渐沉寂，只见月亮的影子在水中摇晃。高大的石头建筑耸立在河边，古老的桥梁横在水上，大大小小的船都停泊在码头上。静寂笼罩着这座水上城市，古老的威尼斯又沉沉地入睡了。

师：请你轻轻地读一读这段话。如果要你用一个词来形容这样一个清波漾漾、沉沉入睡的威尼斯，你会用什么？

生：宁静安详。

生：古老静寂。

生：沉寂悠闲。

师：没错，就是这样的悠闲，就是这样的恬静。一起来读。（板书：悠闲恬静）

（生读）

师：看着这一切，你会不由自主地喃喃自语——

生：“威尼斯是世界闻名的水上城市，河道纵横交叉，小艇成了主要的交通工具，等于大街上的汽车。”

师：看着这一切，你会情不自禁地朗声赞颂——

生："威尼斯是世界闻名的水上城市，河道纵横交叉，小艇成了主要的交通工具，等于大街上的汽车。"

师：看着这一切，你会由衷地告诉你的旅伴——

生："威尼斯是世界闻名的水上城市，河道纵横交叉，小艇成了主要的交通工具，等于大街上的汽车。"

师：今天，我们走进意大利的威尼斯，体验了威尼斯的小艇，我们看到威尼斯小艇的特点——

生：又窄又深、头艄翘起、轻快灵活。

师：来到威尼斯，我们还能感受到威尼斯怎样的风情？

生：威尼斯人热情亲切、富有情趣、敢于冒险，古老的威尼斯散发着悠闲恬静的风情。

师：如果有一天，你有幸亲临这座世界闻名的水上城市，请你一定去坐一坐威尼斯的小艇，领略一下威尼斯的独特风情。

教学反思

这样的教学研讨真是一种新鲜的体验。我们组建团队，共同研讨、打磨、呈现、回味、反思、改进。综观本次教学，有如下思考。

（一）文体特征得以彰显

散文教学相比其他文体更见作者功力，因为散文往往内容清晰具体，但文字背后的作者性灵却若隐若现，若即若离。散文如果只见其形不见其神，则只在门外，更何况散文教学的更上位的思考是要学习语言文字的运用。所以"感其形、执其神、悟其言"是我在散文教学中一直坚守的看法。在本文教学中，课堂教学的环节设计、学生学习的过程考量都是依据这样的遵循文体特征的教学方法来实现的，学生的学习也是在与文字的耳鬓厮磨中进行的。从依托文字、图片想象感受威尼斯的小艇，到切己体察领略威尼斯的风情，再到梳理文字探究写法并学以致用，这一过程就是从散文的形到神再到言的探究和实践的具体表现。在这个过程中，学生依托形象直观的感知，结合丰富的想象体验，不仅契合了学生的认知和学习规律，也不至于让他们凌空虚蹈、不着根基。

（二）积极语用完整实现

语文学科的本位是语言文字的学习和运用，一堂课没有语言文字的咀嚼、品味、分析、感受、实践、运用，是不能称之为语文课的。当然，一篇文章的语用点有时候不止一个，所以我们要学会根据学段特征和学生的学力素养选择最有价值的语用点。从本文来看，其中语用点特别好的有第二自然段的联想补叙、第三自然段的观察与想象的结合等等，这些都是非常典型的语用点。但是，这两种语用形式在三、四年级都教学过，如观察与想象的结合在《自己的花是让别人看的》中就曾涉及，而第六自然段的以静衬动对于五年级的孩子来说相对过难。所以这篇文章最核心的语用设计最后落定在第四自然段先概述后具体、由一般到特殊的写法上。当然，选准语用点之后，更重要的是如何让学生有"感"而发、"情"动辞发，而又不脱离文本语境。这才是最吃工夫的，也是我一直追求的积极语用的境界。最终，我们选取了威尼斯街头的其他场景，如画家、演员、演奏者等，作为练笔对象，运用文中语言，进行想象练写，并在这过程中，反哺对语言形式的理解和感受。在课堂上，学生不仅能结合自己的生活体验和想象，展现威尼斯街头那些艺术家们的高超技艺，而且又顺势体验了一把威尼斯人热情奔放、乐于展现自我的民族风情。

（三）课堂教学生气郁勃

在本次教学中，课堂的推进、师生的理答、风情的理解、语言的训练都达到了自然和谐、生气郁勃的境界。这是因为，整个教学过程既遵循文理，也关注学理，是完全贴着学生循序渐进的。教师的引导是四两拨千斤式的顺势而为，学生的理解自然水到渠成。因此，整个课堂都是学生的朗读、体验、感悟、表达、想象，整个课堂都是学生和文本、教师甚至编者的对话，这从根本上确立了语文课堂学为中心的理念。再有，在具体的课堂推进过程中，教师深谙语文教学的规律，明确“语文不仅仅是理解了，更重要的是感受到了”，时时注意唤醒学生的存在感，让他们直面文本语言所描绘的情境，通过图片、对话、想象、移情等多种方式引领学生融入威尼斯风情之中。入得其中且出得其外，接着又让学生想象威尼斯街头艺术家们的风采，仿写语段。如此一来，整个课堂的听、说、读、写、思都没有离开威尼斯风情这个语境，可谓是领着学生在文本中信步徜徉。

当然，本文在教学过程中，在节奏和教学内容的编织上缺少错位与跌宕，因为遵照文本的叙述思路，少了一些旁逸斜出、意想不到的精彩，这也是接下来本文教学可以继续思考和完善的地方。

名师点评

罗才军老师执教的《威尼斯的小艇》一课，无论是在单元目标的整体观照、文本的解读上，还是在学段特征、学力素养与学习起点的把握上都显得精准而得法。

从整个教学过程来看，罗老师带领学生循着作者的叙述思路，着眼于威尼斯的小艇，又借由小艇感悟到威尼斯独特的风情，成功将编者意图、作者文路、学生学路、教学思路有机整合、融会贯通。文中多处基于散文文体特征的语言感悟、学习和运用也延续了罗老师这些年始终坚持的“积极语用”观点，契合语境，情动辞发，颇有成效，相信能给老师们以较好的示范和引领。

就课堂更上位的思考来说，本课教学如果能适当进行预习前置，充分展现学生的理解和困惑，并以学生的学习期待重构教学内容，使整个课堂既有精彩的“旁逸斜出”，也有独具匠心的“峰回路转”，自当更加引人入胜。

（特级教师、浙江省教育厅教研室滕春友）

五、聆听大自然的訇然绝唱

——《黄果树听瀑》文本解读与教学思考

《黄果树听瀑》选编在人教版课程标准实验教材五年级上册的选读课文中，以其语言的典雅、感受的独特和表达的真切深受老师们的喜爱。然而，令人颇为遗憾的是，在绝大多数的本文教学中，老师们未能真正深入文章的肌理，沉入文章的语言，而只是想当然地以普通写景散文的视角来教，即着力引导学生进行瀑布形象的理解和感知。其实作者的匠心在文题《黄果树听瀑》中已然坦露——题眼为“听”。然而阅读经验同化所导致的对语言的浅表化理解，致使我们很多老师对这个题眼视若无睹，以至于课堂教学挂一漏万，买椟还珠。如此，也未免让作者生出“你不懂我，我不怪你；你若懂我，该有多好”的慨叹。

诚然，与一般写景散文着力在景物形象的描摹，耽溺于视觉上的冲击与震撼不同，《黄果树听瀑》的作者杨国民先生独辟蹊径，以“听”瀑行文，从而见出黄果树瀑布独特的趣味来。虽然文中间或亦有视觉、触觉上的描写，也不过是为“听瀑”举象，使读者构筑起相应的画面，从而感受到瀑声的真切而已。

作者依游览顺序，至景区，过小镇，下谷底，登平台，一路行来，一路聆听，享受着一场听觉的饕餮盛宴。

且看，一到景区，“便闻一阵‘哗哗’之声自远处飘来，若微风拂过树梢，渐近渐响，最后潮水般涌漫过来，盖过了人喧马啸，天地间只存下一片奔泻的水声了”。透过树隙，“那‘哗哗’水声合成了千万架织布机的大合奏，响遏行云”。下到谷底，“‘哗哗’的瀑布声在山谷间震荡着、回响着，似千百架低音提琴在奏鸣、在轰响……瀑布如雷轰鸣，山回谷应，我们仿佛置身于圆形乐池中，四周乐声奏鸣，人若浮身于一片声浪，每个细胞都灌满了活力，让人真正感受到自然的伟大与恢宏。久坐岩上，我们聆听着訇然作响的瀑声，只觉得自己的胸臆在扩展，似张开的山谷，那瀑布便直跃而进，挟来大自然生生不息的活力，回荡着大自然纯正清脆的音响”。

游览过程中，作者一直在打开自己的整个身心，唤醒自己的每一个细胞去谛听瀑布的肆意奔泻。这也使得整个行文脉络，仿佛就是一首完整的交响乐。弱起的“微风拂过树梢”构成慢板引子，紧接着进入奏鸣曲式的快板“潮水般涌漫过来”，接着初现主旋律“千万架织布机的大合奏，响遏行云”，然后乐曲突转，实现变奏，进入另一乐章“千百架低音提琴在奏鸣、在轰响”，最终到达乐曲的高潮，回旋奏鸣曲式的快板“四周乐声奏鸣，人若浮身于一片声浪，每个细胞都灌满了活力”。整首乐曲，四个乐章，起、承、转、合，跌宕分明，令人神迷心醉。尤其是在聆听乐曲高潮的部分，人浮于声浪：“胸臆扩展似张开的山谷，那瀑布便直跃而进，挟来大自然生生不息的活力，回荡着大自然纯正清脆的音响。”仿佛身体所有的细胞都在呼应乐曲的嘹亮高亢，整个身心都在与瀑布演奏的乐曲同频共振。此种体验，就像同行的所有人都已经成为这首交响乐中的一个音符，一种乐器，成为这盛大的演奏中不可分割的一部分。这样投入的境界，正是王国维先生曾经描摹过的无我之境：“以物观物，故不知何者为我，何者为物。”正所谓“物我两相忘，沉醉天地间”。文章的最后，作者一行人登上溪边平台，观摩徐霞客塑像，依然聚焦于听瀑的体验。写到徐霞客亦遥对瀑布作凝神谛听状，于是水到渠成地感叹：“我们也完全沉醉了，如痴，如迷。”就乐曲的尾声来讲，课文未免略嫌草草，但亦有“行之其所当行，止于其不可不止”的决然。

如此，由题眼至行文，及至结尾，作者始终描摹着聆听黄果树瀑布的独特体验。想来，观云海、赏奇松只能通过视觉，不到山前，无缘领略。唯有瀑布这样的景致，先入为主、扑面而来的是它的声响。即使未曾见到，光是聆听，也令人心旌摇曳、迷醉不已。所以欣赏瀑布而落在“听”，未尝不是匠心独运、别出心裁，而作者的原文，则更加证实了这一点。

在阅读原文时，我们会发现，作者是有意识地不铺陈瀑布形象的视觉体验。在杨国民先生的原作《黄果树听瀑》中，真正写到视觉体验的也不过寥寥几笔，与节选的课文几无差别：“透过树隙，便见一条白帘挂在岩壁上，上面折为三叠。似一阔幅白绢正从机杼上吐泻而下……那一幅白帘般的瀑布，仿佛一伸手便可撩过来拭脸似的……黄果树瀑布虽不如庐山瀑布挂得那么长，但远比它阔，所以气势十分雄壮……太阳下山，敛了霞光，瀑布便变得有些灰淡。”这些笔墨亦只是信笔所至，顺势而为。

就笔者的分析，作者有意识地不作视觉描绘，也因为前人尤其是徐霞客对黄果树瀑布的形象已经描摹得淋漓尽致，若再赘述，则未免有“眼前有景道不得，崔颢题诗在上头”的添足之嫌。所以作者在行文所需时，宁愿引用大量徐霞客的描述，而努力节制自己的笔墨。如原文中在写到瀑布的水势并不宏大时，插写了徐霞客当时的描述：“水自东北山腋泻涯而下，捣入重渊，但见其上横白阔数丈，翻空涌雪。”“如鲛绡万幅，横罩门外，直下者不可以丈数计，捣珠崩玉，飞沫珠涌，如烟雾腾空，势甚雄厉。”

尤为值得一提的是，选入教材的课文删减了许多作者“听瀑”的体验，这也使老师们在解读文本时产生错觉。如在谷底聆听时，作者不仅感受到每个细胞灌满了瀑声，而且联想到：“那是大自然的发自心灵的呼唤，那是一种巨大生命力的搏动，让人真正感受到大自然的伟大，生命的延绵不绝，它化作一种激情注入我们的心底。让人联想起金戈铁马、马嘶车啸的古战场，推叠浪涌，訇然若奔雷的钱塘江大潮，联想起大自然的恢宏博大，宇宙的奥秘无穷，人类历史的绵迤悠长。”此处被删减着实可惜。写景散文，最佳之处就是作者独特性灵和新鲜体验的流泻，这也是散文之神髓所在。作者的忘我、无我，全情投入，正是在这样的描述中获得圆满的。“大自然心灵的呼唤，巨大生命力的搏动，金戈铁马、马嘶车啸的古战场，推叠浪涌，訇然若奔雷的钱塘江大潮，大自然的恢宏博大，宇宙的奥秘无穷，人类历史的绵迤悠长”如此等等，均是宏阔的自然世界里最大的力，最大的神奇，作者聆听黄果树瀑声产生了此等体验，足见黄果树瀑布壮阔无匹，令人叹为观止。

原文在这个交响曲高潮之后还有余韵悠长的尾声。作者写道：“山风起来了，一阵阵凄紧，随着离瀑布越来越远，那瀑声便渐渐融入树林的啸声里，最后终于听不分明了……在竹啸的间隙里，还隐约可闻‘哗哗’的瀑布之声，你便能真切地感受到有一股年轻的生命在涌动，在奔流，那是一曲活蹦蹦的生命之音啊！……月亮渐渐升起来了，瀑声似乎分明了一点，似一股泉流伏行，一程后又显崛地表。我们听着，感受着……踩着瀑声的音符，我们悄然走进了梦乡。”由先前的高亢转入隐约可闻、听不分明，由先前的金戈铁马、訇然若奔雷转入泉流伏行，整个交响乐的尾声就以渐行渐远的慢板逐渐终结。如此，亦使整个乐曲完整了。

可见，原文以“听瀑”始，以“听瀑”终，而且始终以“听觉”为主要的感知形式，充分展现出了瀑布的生命活力。就像作者所描绘的，黄果树听瀑，有节奏、有音律、有强弱、有起伏，仿佛是大自然在无声地指挥。黄果树瀑布为我们奏响了一曲无与伦比的美妙赞歌，成为千古绝唱。

阅读杨国民先生的《黄果树听瀑》，总想起画家陈丹青在他的艺术讲稿《陌生的经验》中评论卡帕齐奥画作时说的：“他总是越过故事主角的肩头，张望远处正在走动的人。”这大概就是《黄果树听瀑》的魅力所在，偏离常态，唤醒独特的性灵。我想，他不仅在描摹黄果树瀑布，更是在描绘生命，描绘大自然那生生不息的活力。

基于如上对本文的解读，我们将始终眷注作者独特的观察角度和真实的生命体验，尝试从以下几个层面循序渐进地展开教学。

（一）玩味题眼，聚焦听瀑

1. 玩味题眼。李白的《望庐山瀑布》中写道："飞流直下三千尺，疑是银河落九天。"可说是道尽了天下瀑布的奇丽景象。不过今天要领略的黄果树瀑布，作者却并不沉迷于视觉上的震撼，而是从另外一种角度来写瀑布。一起读课题——黄果树听瀑。

2. 激活前验。其实，也有许许多多的诗人写过听瀑的感受，请大家看着大屏幕仔细读一读：

五叠六叠势益高，一落千丈声怒号。——袁枚《到石梁观瀑布》

寒入山谷吼千雷，派出银河轰万古。——白玉蟾《三叠泉》

你见过大瀑布吗？听过大瀑布的声音吗？你的感觉能用一两句话来说一说吗？

3. 激发欲望。诗人和你的听瀑感受与作者的感受有哪些异同？作者是怎样听的？又是怎样把听的感受写出来的？让我们一起走进课文。

（二）捕捉词句，聆听瀑声

1. 梳理全文。课文中哪些词、句描写了瀑布的声音？请你圈一圈、划一划。还可以在这些词、句边上批注一些自己的理解和体会。

2. 体味词语。出示描写瀑布的词语。

潮水涌漫、响遏行云、如雷轰鸣、山回谷应、訇然作响

理解"响遏行云""訇然作响"。并请学生将对词语的理解用朗读表示出来，感受词语的温度和层次。

3. 朗读文句。出示描写瀑布的句子。

①车到黄果树风景区，便闻一阵"哗哗"之声……天地间只存下一片奔泻的水声了。

②那"哗哗"水声合成了千万架织布机的大合奏，响遏行云。

③"哗哗"的瀑布声在山谷间震荡着、回响着，似千百架低音提琴在奏鸣、在轰响。

④瀑布如雷轰鸣，山回谷应，我们仿佛……真正感受到自然的伟

大与恢宏。

⑤我们聆听着訇然作响的瀑声，只觉得自己的胸臆在扩展……回荡着大自然纯正清脆的音响。

请学生谈谈自己的体会和感受。

4. 揣摩精准。重在引导学生明晰作者描写的精准和完整。其一，作者始终着力于瀑布声音的描写，从课文的开头一直流转到课文的结尾。其二，诗人作家描写瀑布的声音，无非聚焦瀑布声形的宏大壮阔，如“一落千丈声怒号”“寒入山谷吼千雷，派出银河轰万古”，往往一笔写尽。但作者却凭着自己切身的感受和体会，写得细腻生动。从微风拂过树梢，写到潮水涌漫，再写到响遏行云、如雷轰鸣，最后写到山回谷应、訇然作响，呈现出一个由远到近、节奏清晰的听瀑过程。其三，作者在描写过程中，常以“大合奏”“低音提琴在奏鸣”“圆形乐池”“乐声奏鸣”“回荡纯正清脆的音响”等等专用的音乐术语，将所有瀑声编织成具备乐感、节奏和情绪的旋律。其四，作者描写的听瀑的整个过程就像是一首交响乐，有弱起的慢板，有奏鸣曲式的快板，有突转变奏，也有回旋奏鸣曲式的快板。整首乐曲，起、承、转、合，跌宕分明。其五，作者在描写瀑声的时候，常常将聆听和联想结合起来写，把他听到的感觉幻化为形象的场面与声响。如“千万架织布机的大合奏”，如“千百架低音提琴在奏鸣”，又如“人若浮身于一片声浪，每个细胞都灌满了活力”，再如“只觉得自己的胸臆在扩展，似张开的山谷，那瀑布便直跃而进，挟来大自然生生不息的活力，回荡着大自然纯正清脆的音响”。正是这样写，才使得作者的听瀑感觉细腻真切，层次清晰分明，文字生气郁勃。

（三）拓展练笔，咀嚼瀑声

1. 适度拓展。这个环节可适度拓展作者的原文中描写的听瀑感受。如：“那是大自然的发自心灵的呼唤，那是一种巨大生命力的搏动，让人真正感受到大自然的伟大，生命的延绵不绝，它化作一种激情注入我们的心底。让人联想起金戈铁马、马嘶车啸的古战场，推叠浪涌，訇然若奔雷的钱塘江大潮，联想起大自然的恢宏博大，宇宙的奥秘无穷，人类历史的绵邈悠长。”再如：“在竹啸的间隙里，还隐约可闻‘哗哗’的瀑布之声，你便能真切地感受到有一股年轻的生命在涌动，在奔流，那是一由活蹦蹦的生命之音啊！”出示后可让学生朗读、体味，感受这曲交响乐的高潮和尾声，同时明确：作者就是将聆听和想象结合起来，才能把黄果树的瀑布写得如此准确完整、独特真切、生动传神。

2. 练笔提升。可让学生练笔，也尝试着描绘一种声响：可以是瀑声，也可以是夏日的蝉声，可以是海浪的声音，也可以是钱塘江潮水的声音……学着作者的样子，将聆听和想象结合起来，注意想象的合理、准确与贴切。师生互相评议，修改。

（四）彰显文体，回味瀑声

1. 彰显文体。作为写景散文，作者看似笔意奔流，肆情宣泄，却始终不忘“听”瀑，由始至终，从远到近，连珠成串。这正是散文“形散而神聚”的最好注解。这一点在教学中需加以引导，让学生体会到散文文体的特征。如此，能帮助他们在欣赏散文的时侯提领而顿，百毛皆顺，不至于读得云里雾里，丈二和尚摸不着头脑。

2. 回味小结。瀑声的回味着眼于“沉醉了，如痴，如迷”，余韵悠长，绕梁三日。当然，更重要的是作者观察事物时独特的视角和描写事物时将聆听和想象结合起来的写法，这需要不断回味，并在语文生活中加以运用。

第六章

说明性文章：品咂语言的真味

说明性文章在教学中常常遭到师生的冷遇。其实，就其语言表达和结构特色来看，当得起“于无声处听惊雷”的赞誉。我在拙著《问道语文》中已经有专门的篇章对说明性文章进行论述。然而仍有不少老师对其语文内容的发现和确定一筹莫展。因此，这里就将我梳理的说明性文章的写作特色和语言表达的共性特点呈现出来和大家讨论，同时也将一些杂志编辑命题约稿的不同学段说明性文章的解读选了几篇放在这里，亦是对《问道语文》的补遗。期待大家对说明性文章有更新的认识，尤其是对其语言有更多元的发掘与珍视。

一、说明性文章：品咂语言的真味

毋庸讳言，说明性文章对于学生科学思想的培养、科学常识的普及、科学素养的渗透、科学方法的学习都有重大的意义，因此，语文教材中说明性文章的比重一直较高。内容大体可分为“向自然界学习”“文化的继承与创造”“关于人类的思考”三大类，通过由浅入深、循序渐进的学习，引发学生对自然环境、科学技术、宇宙世界以及人类的生死存亡等等的关注。

依据说明语言的特色、表达方式的不同，小学阶段的说明性文章主要有两大类，即“平实性说明文”和“文艺性说明文”。对这两类我们大概可以作如下的分野：凡是叙述者并不出现，也不作任何情感渲染、抒情表达的归为“平实性说明文”；叙述者流转于整个文章中，尽管语言也很科学严谨，但依然有作者强烈的情感渗透、抒情表达的归为“文艺性说明文”，或者叫“科学小品文”。

就教材的编排来讲，说明性文章中低段选编数量远远超过高段，其中，平实性说明文越到高段越为普遍。这当然是因为中低段正是学生认识周围世界好奇心最强的时候，他们非常需要准确感知和了解周围的大自然、周围的世界和生活中的一切。相对来说，高段学生自主阅读能力和学习能力较强，学生的自我意识已经苏醒，可以开始阅读篇幅较短的平实性说明文。

研究说明性文章的教与学，在我们现行的小学语文教学中意义甚大。然而，在实际的教学过程中，相对于教材其他选文，说明性文章大都处在被冷落的尴尬境地。究其原因，是老师们认为与诗歌散文相比，无论是内涵的咀嚼还是语言的特点说明性文章都黯然失色。

其实，这完全是个大大的误解，只要足够细致地解读文本，探寻其中真正有价值的语文内容，你会发现说明性文章语言上的巨大魅力。

下面，我就以人教版教材选文为例，谈谈说明性文章的一些基本特点，以便于老师们在教学中找准核心的教学内容，品砸出说明性文章语言的真味来。

首先，关注说明性文章的结构可以发现，较之其他文体，其内在的逻辑和表达的严密性无出其右。说明性文章的整个表述结构瞻前顾后，前后呼应，语段之间联系紧密，难以分割。比如四年级课文《蝙蝠和雷达》，从飞机夜里飞行引出蝙蝠飞行的本领，到探究蝙蝠飞行的秘密，最后引出雷达，颇有一种打破砂锅问到底的气势。再比如五年级课文《鲸》《新型玻璃》，等等，介绍事物的时候都是前后拈连，瞻前顾后，环环相扣，层层推进的。

其次，从说明性文章的整个情感基调来看，一般有两种基本的类型。一种是作为冷静的叙述者，克制情感，保持一以贯之的智者面孔。如三年级下册《太阳》、四年级下册《黄河是怎样变化的》、五年级上册《鲸》《新型玻璃》《假如没有灰尘》。另一种是将自己的爱憎情感全都融入到说明对象中，讲述起来饶有趣味，使你立刻被他感染。比如《蟋蟀的住宅》《松鼠》。

再次，从说明性文章的语言来看，它至少有以下四个方面的特点。

其一，朴素平实，娓娓道来。

不同于散文、叙事性文章在表达时随意地抒发性灵，说明性文章往往要求语言表达在逻辑和科学上准确。因此，说明性文章的语言大都朴素平实。但这种朴素平实有一种绚烂之极归于平淡的贵气，有滤尽浮华的亲切，而且仔细阅读，颇有“增之一分则肥，减之一分则瘦”的感觉。比如《鲸》的开篇：“不少人看到过象，都说象是很大的动物。其实还有比象大得多的动物，那就是鲸。”就像是在跟你聊天，跟你闲谈。语言能随便省略吗？直接说成“鲸是一种很大的动物”行吗？不行。人们脑中没概念，相对于鲸，象就比较常见，动物园里、马戏团里一般都见过，而且从体形上说，我们常见的动物中体形最大的也就是象了。所以，以象作比，非常直观，非常有效。

其二，简洁明了，表达缜密。

说明性文章在叙述上力求简洁流畅、滴水不漏，句子之间密不透风。《蝙蝠和雷达》里，讲述蝙蝠飞行本领高，作者是这样写的："蝙蝠是在夜间飞行的，还能捕捉飞蛾和蚊子；而且无论怎么飞，从来没见过它跟什么东西相撞，即使一根极细的电线，它也能灵巧地避开。"为何写得如此自然流畅？仔细一琢磨，你会发现，作者用了"无论……从来没……即使……也能……"等词来表述，这正是一个由概述到具体，由一般到特殊的语言范例。像这样的表达在说明性文章中非常普遍，因为意义的准确最好就是像这样从一般到特殊完整地说明现象。这样的语言表达在其他文体中并不多见，因此需要我们通过对说明性文章的阅读和揣摩，实现学习和运用。

其三，多用设问，注重受众。

说明性文章比其他体裁文章更加注重对读者（受众）阅读兴趣的激发。区别于散文和小说的心灵独白，说明性文章更加注重读者的始终在场。所以"你可能会问……""你或许会说……""这到底是怎么回事呢？""为什么……原来……"这样的句式特别普遍。比如二年级上册《太空生活趣事多》的开篇："你知道宇航员在太空中怎样生活吗？"三年级下册《月球之谜》："月球是从哪儿来的？上面有些什么东西？它跟地球一样吗？"等等，始终关注着阅读者的阅读体验。我们在学习说明性文章时就要有聚焦这样的设问语言的过程，尤其要关注在文章不同位置的设问，这些设问其实也是作者根据阅读者的体验精心预设的，如同引导员一般引领着阅读者（学生）一步步发现说明对象的特点与性状。可以说，说明性文章远比其他文体更加关注读者意识。

其四，讲究对仗，用词准确。

说明性文章为了表达的节奏和说服力，常常在语言上使用对仗，而且用词十分准确。比如二年级科普童话《我是什么》有这样的句子："平常我在池子里睡觉，在小溪里散步，在江河里奔跑，在海洋里跳舞，唱歌，开大会。”池子、小溪、江河、海洋，四个处所形成连续的对称。再有，你看这个表达顺序，由池子到小溪到江河到海洋，是一个由静到动，由小到大的顺序。再看用词，池子里是“睡觉”，小溪里是“散步”，江河里是“奔跑”，海洋里是“跳舞”“唱歌”“开大会”，随着环境的变化，水的动作自然越来越大，越来越激烈，尤其是语言节奏，“睡觉”“散步”“奔跑”，紧接着连续三个词语是“跳舞”“唱歌”“开大会”，仿佛这水一下子被释放出来，表现出无尽欢喜、喜不自胜的样子。

就说明性文章的阅读体验来讲，平实性说明文和文艺性说明文也有着较大的差别。平实性说明文往往在理趣中闪现智趣，于平实处得见真醇。像《月球之谜》这样的平实性说明文，最大的特点就在于此。比如课文中作者在叙述了人类首次登上月球的所见后这样下定论：“月球是一片荒漠。”语言简洁而精准。在教学中，我们就是要揪住这个与我们的经验世界完全背道而驰的现实结论，迎合学生的心理落差，鼓荡起文本的这种张力，使学生发自内心地产生奇异、惊讶、不胜唏嘘的感受。我们更加要问一问：月球上真的没有生命吗？真的只有尘土、岩石和环形山吗？科学，有时候不止是要让我们知道了什么，更是要刺激我们还想知道什么。你看，明明是描述科学事实，却引发了我们更多的疑问，更大的探索欲望。所以，对这一类文本进行解读的时候，真有一种鲁迅先生说的“于无声处听惊雷”的感慨。你会蓦然发现平实性说明文的语言所蕴藉的不是散文、叙事作品的情趣，而是它独有的理趣、智趣，你会觉得让学生读着这样的作品，他们都能听见自己的智慧拔节的声音。而且在语言上它又展现出另一种品质，那就是简明流畅、准确到位。要使语言到位而不越位，这是相当不容易的，如同武林高手过招时的“点到即止”，既要点到，又能即止，功力自然也是炉火纯青。

而文艺性说明文则往往展现出作者言语意图、内容和形式的高度融合。很多老师都认同文艺性说明文的语言所独具的特点，也试图引导学生发现文章的表达特色，却又总是事倍功半，收效甚微。究其原因，是老师们没有找到文本语言在意图、内容和形式上高度融合的精妙所在。比如五年级文章《松鼠》，里边有这样的句子："在晴朗的夏夜，可以听到松鼠在树上跳着叫着，互相追逐。它们好像很怕强烈的日光，白天躲在窝里歇凉，晚上出来奔跑，玩耍，吃东西。……松鼠轻快极了，总是小跳着前进，有时也连蹦带跑。它们的爪子是那样锐利，动作是那样敏捷，一颗很光滑的树，一忽儿就爬上去了。……他们在树上做窝、摘果实、喝露水。"这些句子是需要好好读一读的，因为读着读着你就能发现文本语言的又一个大秘密：短促、干净、节奏轻快。我们可以引导学生尝试还原作者的写作过程，再进行比较：如果不是这样的句子节奏和语言表达，会是怎样一种阅读体验？能展现松鼠这样机灵活泼的特点吗？长此以往，我们的学生就能在自己的写作中也逐渐养成追求言语内容和形式高度融合的表达习惯。我认为这样才真正展现出了一位语文老师面对说明文教学时的语文意识的觉醒和语文本位的坚守。

二、带着更多的“谜”走出文本

——《月球之谜》教学思考

《月球之谜》与《太阳》《我家跨上了“信息高速路”》《果园机器人》共同编排在人教课程标准实验教材三年级下册的第六组。就编排者来说，可谓煞费苦心。两篇是我们熟悉却又陌生的天体日和月，另两篇则是展现人类现代科技成果的。就文章内容来说，与《月球之谜》不同的是，其他三篇文章都是把说明对象了解透彻了的，表述起来也是言之凿凿，没有任何的模棱两可。尤其是《太阳》，把太阳的本质、特点以及与地球、人类的关系说得十分明了，并且准确地告诉了我们：没有太阳，就没有我们这个美丽可爱的世界。而《月球之谜》则不同，它不像《太阳》或者其他说明文那样按照一定的顺序，依托准确的语言，清晰完整地说明事物。它是欲说还休地表述，在说明的同时还在不断地呈现困惑，不断地引发思考和想象；它远离了我们惯常的对于说明文的认知，更有别于那种端正了面孔，抽丝剥茧地阐述事物的常态；它不断地陈述一些当前人类已经掌握的关于月球的有限知识和有趣实验，却又在此基础上提出更多耐人寻味，也使人莫名向往的假设和猜想，颇有一种“犹抱琵琶半遮面”的情味，使文章显得神秘诱人。与《太阳》语言的那种绵密不同，《月球之谜》的语言疏可走马，给予了读者非常丰富的思考和想象空间，作者散漫悠然，娓娓道来，就像和你一样也是第一次了解月球，禁不住地也会好奇，也要问个为什么，所以读来特别亲切，特别有趣。

先来琢磨琢磨文章的题目——月球之谜。我们说，题目往往是文章的眼睛，的确，这篇文章的文眼就在这个“谜”字上。它可不是为我们揭开月球之谜的，而是引领我们共同关注月球，探索月球，提出新的迷惑的。它期待让学生带着问题走出文本，走出课堂，怀抱着无限的好奇和探索欲望继续追寻月球的奥秘。文章的整个行文始终围绕着“谜”字展开，一个又一个的困惑，一串又一串的猜想不断展现。正所谓“作者思有路，遵路识斯真”，教学中，我们也当以“谜”字为切口，廓清文路，辐射全文。

文章由一个浮想联翩的幻境引出：“夜幕降临，一轮明月悬挂在高高的夜空，那皎洁的月光曾引起人们多少美好的遐想！”甫一开篇即不同凡响，在说明文的开头，会以这样诗意的句子打开全文，着实让我们耳目一新。境感强烈的语言立刻把我们带进美丽恬静的夜色之中，那皎皎的明月如在眼前，清辉漫撒，轻纱般笼罩着周围。耳边仿佛又响起那许许多多关于月亮的古老的故事：嫦娥奔月、吴刚伐桂、玲珑的玉兔、清寂的广寒宫……也让人想起许多关于月亮的诗文：“小时不识月，呼作白玉盘，又疑瑶台镜，飞在青云端。”“露从今夜白，月是故乡明。”……可见，咱们的古人在很早很早以前就开始对月球产生兴趣，并在积极探索了，只不过不是通过科学的方法，而是美丽的幻想。在这里，我们要尽可能地唤醒学生经验中的关于月亮的美好遐想，甚至可以呈现那些朴素的传说，以期让学生获得尽量多的关于月球的认知，达成蓄势的饱和。说实话，月亮在我们中华民族文化中具有相当重要的地位，它是书写我们民族的一个重要的文化符号。在中国，一轮明月已经不单是一轮明月了，它更是思念家乡、思念亲人、渴望团聚、表达凄凉的载体和寄托。紧接着作者就提出了一串最基本的问题:“月球是从哪儿来的？上面有些什么东西？它跟地球一样吗？”这三个问题正是呼应着刚才的遐想展开的，也是我们都想问一问的。因为在我们的文化和传说里，月球上是有广寒宫、嫦娥仙子、吴刚和玉兔的，所以我们就更加期待去证实它上面到底有些什么？希望清楚地知道它也跟地球一样吗？也能住人吗？还是像神话中那样是仙界的一处，琼楼玉宇，终日有白云浮游荡漾，令人有飘飘然羽化而登仙的感觉呢？文章接着说：“古往今来，为了探索月球的奥秘，人类付出了巨大的努力。”这是一个过渡句，它并没有直接阐述问题的答案，而是先收一收，巧妙承启，让我们带着谜团走进下文。

接着就写到了一次伟大的探索：“1969 年 7 月 20 日，两名美国宇航员首次登上月球，第一眼看到的就是十分奇异的景色：这里的天空黑沉沉的，表面却洒满灿烂的阳光。月球上满是尘土、岩石和环形山，没有水，没有任何生命。月球是一片荒漠。”注意句中的“首次”“第一眼”，证实了这是真正的科学意义上的对月球的最初了解，是具有权威性和里程碑意义的。再来看看这景象，作者说“十分奇异”，之所以会觉得“十分奇异”，是因为科学发现的月球景象与我们的传说、我们的文化和想象中描述的那种美好诗意的样子完全不同。看看它的那个样子：“天空是黑沉沉的，表面却洒满灿烂的阳光，满是尘土、岩石和环形山，没有水，没有任何生命。”你想啊，在地球上看天空，蔚蓝而高远，而在月球上却是黑沉沉的，想象中的美好的一切都荡然无存，既没有飘然欲仙的感受，也没有清冷美丽的景象，更不必说桂树、玉兔和嫦娥了。蓦然间，我们熟悉的月亮竟然变得那么陌生，那么让人不可亲近，这自然不得不令我们十分奇异了。作者最后总结的“月球是一片荒漠”非常精准。在教学中，我们就是要揪住这个与我们的经验世界完全背道而驰的现实结论，迎合学生的心理落差，鼓荡起文本的这种张力，使学生发自内心地产生奇异、惊讶、不胜唏嘘的感受。当然，我们还得从文本中苏醒过来，比如我们已经知道月球发光是反射了太阳光的缘故，我们还从最近一次美国宇航局的登月行动中证实月球上也有数量惊人的水，只不过都是气态和冰态的。呈现这些材料的目的，就是刺激学生。我们对月球的了解还在不断的继续当中，40 年前的科学结论可能在 40 年后成为无稽之谈，所以自然就引发更多的谜团。我们更加要问一问：月球上真的没有生命吗？真的只有尘土、岩石和环形山吗？科学，有时候不止是要让我们知道是什么，更是要刺激我们还想知道什么！你看，明明是描述科学事实，却引发了我们更多的猜想，更大的探索欲望。

再来看看用月球尘土所做的两个实验：“把细菌洒在从月球带回

来的尘土里，细菌一下子都死了，难道这些尘土有杀菌的本领吗？把玉米粒种在月球的尘土里，和在地球土壤里生长没有明显不同。可是，水藻一旦放进月球尘土，水藻就长得特别鲜嫩青绿。”读着这些实验过程和结论，你不会觉得高深莫测，这是本文在语言上的最大的好处。文章一直是娓娓地讲述着，一直是像我们一样抱着最最原初、最最简单的惊讶和怀疑讲述着。看看这两个实验，看似有结论，其实没结论，只是呈现一种现象，并且自然地提出疑问：月球尘土有杀菌的本领吗？为什么水藻特别适合在月球尘土里生长，而其他植物就不行呢？看看它表述语言的准确：“把玉米种在月球的尘土里，和在地球土壤里生长没有明显不同。”注意是没有“明显”不同，也就是说在我们肉眼看来是一样的。而水藻呢？“一旦放进月球尘土，水藻就长得特别鲜嫩青绿。”这里运用的关联词“一旦……就……”把水藻放到月球尘土上的反应表现得淋漓尽致，而且也是我们肉眼看得出的情景。正因如此，我们和作者一样都不得不慨叹了：“这一连串的实验结果是多么令人费解啊！”你看，按照常理来说，通过实验和科学检测之后，我们肯定能把月球尘土弄出个所以然来，可万万没想到，还是谜团连连，困惑连连。

“一项研究结果说，月球上曾经有过火山活动。从月球采回的一块岩石，估计它的年龄已有46亿年，而在地球上，只能找到40亿年前的石块。难道月球比地球的年龄还大？或者是月球的火山活动比地球还早？这又是一个谜。”直到这里为止，作者还在不断地介绍事实，并提出更大的谜团。“曾经”“估计”“只能找到”这样的语言在表述上是相当准确的，正是因为有这样准确的表述，接下来的问题“难道月球比地球的年龄大？或者是月球的火山活动比地球还早？”才恰如其分。在这里，我们已经能够明显感觉到作者表述的严密性，他在提出一个问题的时候都是依赖于某种现有实验结果和根据的，都是在原来的基础上不断向纵深推进的，这就更能引起我们的阅读兴趣，让我们不自觉地融入其中，与作者一样进行更加深入的思考了。

最妙的是文中独立成句的标点“……”。说实话，到这里，不用说作者，就是我们所有读者脑子里都塞满了问题。对于月球，我们真是充满了好奇，充满了了解和探索的欲望，充满了无尽的谜团。我们完全可以让学生也来问一问，也来仿照着作者这样的表述方式提出自己的谜团。这既是对文本的丰富，也是在训练学生仿写的能力，还能探讨出更多有价值的问题,创造出更多有意义的谜团,激励我们的课堂。值得注意的是，我们在本文的阅读中，不仅要让学生掌握关于月球的基本知识，更重要的是进行科学素养和科学精神的熏陶。仔细琢磨作者的语言，在提出谜团和困惑的时候，他总是先摆出事实。也就是说，我们的科学探索、科学疑问是建立在已知基础上的有意义的深入，而不是随心所欲的胡乱猜测，更重要的，我们要一直怀抱好奇和猜想，去探求更为广阔深远的科学奥秘。

课文最后说：“对神秘的月球，人类还将继续探索下去。”相信这句话已经成为我们每位学生都呼之欲出的感受，而且人类探索月球的一个个脚步，证实了作者的这种美好愿望和憧憬。如此，就让我们带着“月球之谜”走进文本，走进课堂，又带着更多的“月球之谜”走出文本，走出课堂吧！

三、就这样一脚一脚往上爬

——《爬山虎的脚》文本解读

《爬山虎的脚》是我们耳熟能详的一篇课文，入选了诸多版本的教材。之所以编者们都对它青睐有加，我想最大的原因是文章本身散淡的语言、恬静的笔法、恰如其分的描写等特点，足以成为我们的学生学习和运用语言的典范。尤其是其中闪现着的对事物细致观察的习惯，在让我们肃然起敬的同时也给予我们深刻的启示。文章作者叶圣陶先生，是语言大家，更是资深编辑，一向以平实、质朴、凝练、精粹的语言风格著称，我们教材中的《荷花》也是他的作品，其语言的形象传神可见一斑，《那片绿绿的爬山虎》一文也体现了他的语言风格取向，可以说，他的语言有一种不雕琢、不做作的朴素美。

与《爬山虎的脚》同单元的还有《古诗两首》（《题西林壁》《游山西村》），《蟋蟀的住宅》和《世界地图引出的发现》三篇，其中《蟋蟀的住宅》叙述风格与本文最为类似。但细心的读者可以发现，《爬山虎的脚》笔触更为凝练，描述更为集中，文字也滤得更为干净了，而作为翻译作品的《蟋蟀的住宅》，则不免显得松散。

叶圣陶先生朴素平实的文风是在文章的开篇就漫溢出来的：“学校操场北边墙上满是爬山虎。我家也有爬山虎，从小院的西墙爬上去，在房顶上占了一大片地方。”简洁明了，直奔主题——爬山虎，表达的意图明确，指向清晰。细细琢磨，句子着力表现的是爬山虎旺盛的生命力，“满是”“占了一大片”等足见爬山虎是一种多么顽强、多么肆意生长的植物。从它的生长方位——北边墙上、西墙（房顶），又可发现爬山虎是一种喜阴的植物，而且它善于攀缘。你看，就是这样不动声色地，作者已经把爬山虎的特性、生长习性和区域介绍得清楚明白了。

接下来看看爬山虎的叶子：“爬山虎刚长出来的叶子是嫩红的，不几天叶子长大，就变成嫩绿的。爬山虎的嫩叶，不大引人注意，引人注意的是长大了的叶子。”如果见过爬山虎爬满墙的样子，你就会知道为什么作者首先要写到它的叶子了。就我们任何一个人的视觉感受来讲，爬山虎最惹眼的就是它的叶子，或者我们可以这样说，我们所看见的爬山虎其实就是指爬山虎的叶子，因为它的茎和脚都已经被密密麻麻的绿叶掩盖住了。看看作者的描写，你会发现作者观察之细腻准确。“不几天”，说明嫩红的新叶持续的时间很短，可见爬山虎生长之迅速。说嫩叶“不大引人注意”，也就是说以一般的观察是无法发现这种嫩叶的变化的，但正是这种不大引人注意的、不几天就变化的嫩叶，却被作者了解得一清二楚，我们能从中感受到什么？自然是作者观察事物的认真仔细了。你再看：“那些叶子绿得那么新鲜，看着非常舒服。叶尖一顺儿朝下，在墙上铺得那么均匀，没有重叠起来的，也不留一点儿空隙。一阵风拂过，一墙的叶子就漾起波纹，好看得很。”作者着力表现的是叶子带给人的视觉感受——舒服。首先是因为它绿得新鲜，新鲜的绿自然充盈着水分，闪着光亮，给人心旷神怡的感觉。其次是因为它排列得很有规则，一顺儿朝下，更为令人惊讶的是既没有重叠，也没有空隙，显得如此均匀，这又能带给我们一种视觉上的舒适感。我们真是不得不慨叹造物主的神奇，怎么就能使叶子生长得那么井然有序呢？当然，如果你了解了爬山虎是怎么往墙上爬的，你就能理解叶子这样的生长规律了。爬山虎是循序渐进地往上爬的，而每一脚上又都拖着叶子，这样一来，叶尖顺着长势自然是下垂的。在这里，我们又一次领略到了叶圣陶先生对事物细致入微的观察能力，要发现这一点并且恰当地表达出来，多不容易啊！来看后面的这句：“一阵风拂过，一墙的叶子就漾起波纹，好看得很。”表述得多么小心翼翼，多么准确传神啊！说“漾”而不是“荡”或“卷”，为什么？说“波纹”而不是“波浪”，又为什么？为的就是一个准确啊。爬山虎的叶子尽管比较大，但是叶子与茎的距离很短，茎又狠狠地巴在墙上，自然不可能使叶子荡起层层波浪了！你看，叶圣陶先生就是这样，描述事物推敲词句，点到即止，绝不渲染，更不铺陈。

文章的第三自然段写的是爬山虎的“脚”。说实话，如果没有刻意探索的意愿，我们是很难发现爬山虎的脚的。就像作者说的：“以前，我只知道这种植物叫爬山虎，可不知道它怎么能爬。今年，我注意了，原来爬山虎是有脚的。”注意了才知道爬山虎是有脚的，多么平实真切的语言啊，让我们读起来倍感亲切，而且语言的指向是一如既往的清晰。接着就说到了爬山虎的脚：“爬山虎的脚长在茎上。茎上长叶柄的地方，反面伸出枝状的六七根细丝，每根细丝像蜗牛的触角。细丝跟新叶子一样，也是嫩红的。这就是爬山虎的脚。”我们来细细地揣摩作者的语言。这里写“爬山虎的脚”共用了四句话：第一句写的是它的生长位置——茎上。第二句写的是它的形态——在长叶柄的反面伸出六七根细丝，样子都像蜗牛的触角。用“蜗牛的触角”一比拟，我们脑中就会唤起潜在的经验，“脚”那嫩嫩的、茸茸的样子就如同在眼前了。第三句写的是它的颜色——也是嫩红的。最后一句是进行总结。你看，多么精细而又准确的描写啊，绝不拖泥带水，也不饶舌重复。我们在教学中一定要让学生好好领会作者这种素淡、传神的写法，感受作者敏锐的观察能力和表达能力，甚至可以模仿这种先分几个角度具体写、最后来概述的方式写一写其他的事物。

我们看看爬山虎到底是怎么爬的：“爬山虎的脚触着墙的时候，六七根细丝的头上就变成小圆片，巴住墙。细丝原先是直的，现在弯曲了，把爬山虎的嫩茎拉一把，使它紧贴在墙上。爬山虎就是这样一脚一脚地往上爬。如果你仔细看那些细小的脚，你会想起图画上蛟龙的爪子。”读着这段话的时候，我们仿佛看到爬山虎正在哼哧哼哧地往上爬。为什么会那么传神，那么形象？还得揣摩作者的语言。首先，叶圣陶先生运用了拟人化的手法。主要通过“触”“巴”“拉”“贴”这样几个词形成了一种连续轻捷的动感，一触就巴住，一巴住就把嫩茎拉过来，然后紧贴在墙上。这一系列动作不免让我们想起以壁虎游墙功轻而易举上天入地的忍者。其次，作者对爬山虎爬墙的过程观察入微。原先直直的细丝巴住墙后就自然弯曲，把嫩茎贴在墙上——不下功夫，不持续观察是断不可能写出如此细腻的过程的。还有，作者说爬山虎就是这样一脚一脚地往上爬的。你看，刚才的过程只是其中一脚爬行的过程，而爬山虎需要这样持续不断地往上爬，每爬一脚又是需要一定的时间和过程的，所以在这里作者要特别强调“一脚一脚”，而不是“一脚脚”，显然它爬得并不轻松，这样的语言才能真正准确地表现出这样的情境。过程是有了，但关注过程，我们的整体形象感就松散了——脚成什么样了？于是作者再加上一句：“如果你仔细看那些细小的脚，你会想起图画上蛟龙的爪子。”我们不得不佩服叶圣陶先生的文字功夫，就在你对爬山虎的脚的形态感觉朦胧的时候，他又适时地给你一个鲜明可感的形象，重新唤醒和凝聚你对爬山虎的脚的印象。

文章的最后，作者写到了爬山虎脚的两个重要的特点，一是它必须有所依附，还有就是它的牢固。你看：“爬山虎的脚要是没有触着墙，不几天就萎了，后来连痕迹也没有了。触着墙的，细丝和小圆片逐渐变成灰色。不要瞧不起那些灰色的脚，那些脚巴在墙上相当牢固，要是你的手指不费一点儿劲，休想拉下爬山虎的一根茎。”这是我们的盲点。我们常常会想当然地以为爬山虎上墙是人们刻意为之，其实不是，而仅是它的自然生长方式。墙面、屋顶这些落脚点正是促使它获得生命力量的基础，正所谓“力从脚底起”，爬山虎也是必须脚踏实“地”，才能郁郁葱葱的。更为令人惊奇的是，这种纤弱的植物一旦依附到墙上，它的一脚一脚都巴住墙后，即使是在生命褪尽后，呈现出死亡的灰色，也依然有那么大的定力，看来，它那样地一脚一脚往上爬，果然非同凡响。

四、用心呵护这美丽而脆弱的地球

——《只有一个地球》教学思考

人教版课程标准实验教材的编写在中高年级是以主题单元的形式呈现的，这就使得除五年级上册的说明性文章单元以外，其他科普说明文都是散落在各个主题单元之下的，《只有一个地球》就收录在六年级上册“敬畏自然，保护环境”主题单元。同组的还有《鹿和狼的故事》、著名的西雅图演说《这片土地是神圣的》以及报告文学《青山不老》。这四篇文章文体本身就大相径庭，语言风格也迥然各异。作为科普说明文的《只有一个地球》在语言上是以平实、准确见长的。而且，作为本单元的开篇课文，它比其他三篇文章的叙事更为宏大，结构更为严谨。

文章的题目——只有一个地球，朴素而深刻。尽管是说明文，但是作者在字里行间依然饱含深情。仅从题目来看，既是一种深沉的叹息：只有一个地球啊！也是一种振聋发聩的呼吁：只有一个地球！更像是痛心疾首的喃喃自语：只有一个地球……

作者首先饱含深情地描述了飞上太空的宇航员们遥望地球的景象：“映入眼帘的是一个晶莹的球体，上面蓝色和白色的纹痕相互交错，周围裹着一层薄薄的水蓝色‘纱衣’。”我们蓦然发现原来我们的地球竟然那么美丽，简直像一个晶莹剔透又闪着熠熠光彩的水晶球，实在让我们大开眼界。我们一直身处其中，却从来都没有机会看清它的“庐山真面目”。那蓝色和白色的纹痕是海洋和大气，周围裹着的薄薄的水蓝色纱衣则是海洋反射阳光所呈现的。读着这样的描述，我们恨不得轻轻地捧起它。必须要轻轻地，因为它似乎那么脆弱。是什么给予我们这样的感觉？仔细琢磨这语言，你看“晶莹”“纹痕交错”“薄薄”“水蓝色”“纱衣”，这些词汇融聚在一起，使得一切都显得那么轻柔娇嫩，怎么不让我们漾起怜爱之心？怎么不让我们小心翼翼呢？接着，作者由衷感叹："地球，这位人类的母亲，这个生命的摇篮，是那样的美丽壮观，和蔼可亲。"如此自然、真诚的情感流露。因为正是地球孕育了世间万物，说她是"人类的母亲""生命的摇篮"毫不为过。也因此，我们在感受到地球的美丽壮观的同时，也会体味到她的和蔼可亲。地球那么美丽又那么脆弱，与我们的生命又有着如此的渊源，我们怎么能不对她产生深深的依恋呢？作者在第一自然段以这样的境象展现，就是要让我们怀抱珍视和呵护的心面对地球。

接着，作者笔锋一转："但是，同茫茫宇宙相比，地球是渺小的。它是一个半径只有六千三百多千米的星球。在群星璀璨的宇宙中，就像一叶扁舟。"我们仿佛马上被拉回严酷的现实中来。相比于宇宙的茫茫，地球的渺小显而易见。作者用列数字的方法进行了说明。为了能够更加形象可感，作者还打了一个很有意思的比方："在群星璀璨的宇宙中，就像一叶扁舟。"从前句中的"只有"到这句中的"一叶扁舟"，我们发现地球在宇宙中真是渺小得很。可是不要忘了，就是这个渺小的星球，是我们人类和万物赖以生存和繁殖的摇篮啊！我们一直以为它大得无边无际，足够为我们人类以及万物提供源源不绝的支持，足够做我们坚强的后盾，哪里知道它在宇宙中竟然显得那么单薄，那么瘦弱，那么不堪一击。看看作者打的比方——"一叶扁舟"，多么传神哪！也就是说整个宇宙就像是波浪滔天的大海，我们的地球虽身在其中，却不知道什么时候哪一个巨浪打来就能让它灰飞烟灭呢！那么我们能不能让这叶小舟变得更为庞大，更为坚固呢？作者接着补充道："它只有那么大，不会再长大。"也就是说，我们只能小心翼翼地维护好这叶小舟，否则后果不堪设想。你瞧，我们地球是多么脆弱啊！我们在教学中要让学生充分地感知到这一点，就从作者这个比喻入手，引导他们进行想象——在茫茫宇宙中，地球那漂泊无依的形象。

如果说前边的叙述都是地球外在的美丽和脆弱，那么接下去的两个自然段则是描述地球内在的美丽和脆弱。看看这些句子："拿矿产资源来说，它不是上帝的恩赐，而是经过几百万年，甚至几亿年的地质变化才形成的。地球是无私的，它向人类慷慨地提供矿产资源。”“人类生活所需要的水资源、森林资源、生物资源、大气资源，本来是可以不断再生，长期给人类做贡献的。”地球的内在美就是作为母亲的无私和全心给予。你看，它不断地储存，经过几百万年甚至几亿年，耗尽心血，却在人类需要的时候源源不断地慷慨给予。而“水资源、大气资源、森林资源”等还期待着不断再生，以便长期为人类做贡献。如此看来，把地球看作人类的母亲实在是太贴切了。你看它把人类孕育出来，看着人类欣欣向荣地繁殖起来，然后又把自己所拥有的无私地付出，甚至期待通过不断再生更长久地为人类服务，除了父母，谁还会有这样的情怀？我们想象一下，这些资源不就是地球母亲身上的血、身上的肉吗？不就是它赖以维持自己生命的基本元素吗？可是我们看看人类是怎么对待自己的母亲的：不加节制地开采，随意毁坏自然资源，不顾后果地滥用化学品，造成一系列生态灾难等等。这绝对是败家子、不孝子，居然如此肆无忌惮地摧残着自己的母亲。在这里，作者的笔触的确是痛心疾首的，你看这些语言：“它不是上帝的恩赐，而是经过几百万年，甚至几亿年的地质变化才形成的。”不是凭空产生的，这是母亲的辛苦积累，“它不是上帝的恩赐”掷地有声，似乎像一种棒喝，想唤醒人类的良知。再看：“但是，如果不加节制地开采，必将加速地球上矿产资源的枯竭。”为了表达这种“怒其不争”的情味，作者在这里运用了关联词“如果……必将”，这是声嘶力竭的呼唤啊！再看“本来是可以不断再生的”，注意这个“本来”，一种悲哀和无奈马上弥漫开来了，本来是可以，意味着如今已经不可以了。“不加节制”“随意毁坏”“不顾后果”，“不但不能再生，而且造成一系列生态灾难，给人类生存带来了严重的威胁”，这样的语言充斥在这两个自然段当中，我们在体味到地球母亲的无私之后，难道没有一点自责和内疚吗？难道不会产生无尽的后悔吗？难道不该进行深刻的反思吗？作者的语言表述得多么准确啊！要是我们对矿产资源的开采是

"加以节制"的，要是我们对自然资源不是那么狂妄地"随意毁坏"，那么我们的地球不至于奄奄一息，这一切都是我们人类自食其果啊！

当地球外在的美丽脆弱和内在的美丽脆弱都被我们了解了之后，很自然地，我们会想到寻找别的类似的星球。于是作者接着写道："有人会说，宇宙空间不是大得很吗，那里有数不清的星球，在地球资源枯竭的时候，我们不能移居到别的星球上去吗？"你看，作者的思维多么缜密，而且脱去那种冷冰冰的面孔，站在我们读者的立场和角度表达疑问，读来自然显得亲切。然而现实是残酷的。作者在这里再次推进："科学家已经证明，至少在以地球为中心的40万亿千米的范围内，没有适合人类居住的第二个星球。人类不能指望在破坏了地球以后再移居到别的星球上去。"到这里，文字里边已经浸润着深深的悲哀了：用"至少……没有"，这是逼到绝境了啊！说"指望"而不说"希望""盼望"，这是心如死灰了啊！而以地球为中心40万亿千米又是个什么概念呢？也就是如果我们有幸能乘上时速3000千米的宇宙飞船，那也要飞150多万年。因此，我们不必存有任何幻想！这些认知上的盲点是我们在教学的时候必须揭示给学生的，由此，也可以让学生更加直观形象地感知到我们面前的地球的美丽和可贵。作者还不罢休，再拓一笔："科学家们设想在火星和月球上建造移民基地。"你看作者似乎又给予了我们一点希望之火，可紧接着又是兜头一盆冷水："但是，即使这些设想能实现，也是遥远的事情。再说，又有多少人能够去居住呢？"从"即使"到"也"再到"再说"，唯一的希望之火又幻灭了。作者在这里说"能实现也是遥远的事情"，是有语言背景的，是不无悲哀的。因为据科学家们推测，按照世界人口的增长速度和人类对地球资源的开采滥用程度，四五十年后，地球资源已经只能养活80亿左右的人口，而按照估计，到那时世界人口应该是90亿左右。这是十分明显又迫在眉睫的矛盾，是看得见摸得着的危机，也正是这样的解读能使我们的学生真正了解我们容身的地球所面临的未来，真正建立起发自内心的危机感。

在提出一系列的假设，又冷静理智、有理有据地推翻这些假设之后，宇航员的感叹如同晨钟暮鼓一般敲打在我们的心上：“我们这个地球太可爱了，同时又太容易破碎了！”与开头的那种美丽不同，这里所表述的可爱是在真正了解地球外在、内在的美丽之后的，是在不断清醒地知道它是不可复制、不可替代之后表述的，此时我们就觉得它越发可爱了。可是与此同时，我们也发现它是那么的脆弱，似乎随时都有可能因为外在的或者我们人类自身的原因而幻灭，如同一个水晶球，一不小心，就可能从手中滑脱，摔个粉碎！

在文章的最后，作者作了如下的总结：“只有一个地球，如果它被破坏了，我们别无去处。如果地球上的各种资源都枯竭了，我们很难从别的地方得到补充。我们要精心地保护地球，保护地球的生态环境。让地球更好地造福于我们的子孙后代吧！”这是善意的提醒，是诚恳的建议，是沉痛的忠告，更是美好的期待。前边的两句是对课文内容的一个总结，两个假设都是不可能实现的。也是在这样的背景下，作者提出了要“精心保护地球，保护生态环境”的忠告，自然是合情合理，让人特别信服的。作者的这种期待自然也成了我们共同的期待——呵护这美丽而脆弱的地球，让它造福于我们的子孙后代！